D. S. VON BORSTEL

Ach, SCHEIß auf die WAHRHEIT

Realitäts-Lockdown

Kontakt: vonborstel@tutanota.com

Inhaltsangabe:

Andersdenkende

Lieber Leser, liebe Leserin, am Ende des Buches ist das Kapitel: „Einleitung", ich bitte Sie, dieses als Erstes zu lesen. Dort wird unter anderem erklärt, warum es den Wandel von „Sie" zu „Du" gibt und wie dieses Buch gelesen werden sollte.

Die Gesellschaft ist grade sehr gespalten; entweder vertrittst Du die eine Meinung oder die andere. Das war ja schon immer so, doch noch nie mit diesem unglaublichen Druck, diese eine Wahrheit zu verteidigen.

Die einen glauben daran, dass es ein todbringendes Virus gibt und alle Maßnahmen, die getroffen wurden erforderlich sind, weil sonst sehr viele Menschen sterben werden oder schon gestorben sind; und um diesem Irrsinn zu entgehen und wieder ein normales Leben führen zu können, muss jeder geimpft werden.

Die anderen glauben daran, dass es das Virus gar nicht gibt oder es einfach nur ein normales bis schweres Grippevirus ist und die Maßnahmen völlig überzogen sind, oder durch diese sogar noch mehr Menschen sterben. Hungersnöte, Einsamkeit, Selbstmord, falsche Behandlung, Impfungen etc. werden sogar alles noch verschlimmern.

Es gibt ein Phänomen und es wird total unterschiedlich gedeutet.

Es bilden sich zwei unumstößliche Meinungen. Diese beiden Meinungen prallen aufeinander, wie sonst auch Meinungen aufeinander prallten, man sich gestritten und danach wieder vertragen hat. Der eine sagte: ”Es tut mir leid!”, der Andere: “Ja, mir auch!”

Doch es geht nun um Leben und Tod. Und wenn dic Mcinung des Anderen sich nicht ändert, werden viele Menschen und man selbst sterben. Es ist nicht mehr einfach nur eine Meinung, die hinterfragt werden kann. Denn diesmal geht es um das eigene Überleben und das von den Menschen, die man am liebsten hat.

Wie könnte da jemand von seiner Meinung abweichen und sagen: „Ja, Du hast Recht und ich lag falsch?“ Wer könnte das machen, ohne dabei sein eigenes Leben und das seiner Liebsten zu verraten? Ist es aus der Perspektive nicht verständlich, dass beide Seiten auf ihrer Sichtweise beharren?

Wollen beide Sichtweisen nicht das Beste? Jede auf ihre Art und Weise? Wollen beide Sichtweisen nicht, dass alles wieder gut ist?

Handeln beide Sichtweisen nicht aus Liebe? Jeder will, dass es anderen wieder gut geht und sogar einem selbst auch! Ist das nicht Liebe? Nächstenliebe und Selbstliebe?

Doch dieses Potenzial an Liebe hat sich in Hass und Aggressionen verwandelt. Man hasst die anderen Menschen, die diese Liebe von einem selbst in Frage stellen. Das Infragestellen der guten Absicht, die man eigentlich hat.

„Welch triste Epoche, in der es leichter ist, ein Atom zu zertrümmern als ein Vorurteil!"

Albert Einstein

Die starke Aufladung, mit der die eigene Sichtweise immer mehr verteidigt werden muss, als ginge es um Leben und Tod, wird sich in der Zukunft noch weiter potenzieren. Es ist eine Fahrt, die unaufhaltsam erscheint. Wie eine Lawine, die wächst und wächst und immer bedrohlicher wird.

Doch Du kannst es beenden. Nur Du! Und es geht nicht darum, jemand anderen zu überzeugen; es geht nicht darum, wieder einzuschlafen oder aufzuwachen. Niemand, der die Maßnahmen als Hysterie, Zumutung, oder evtl. sogar schädlich erlebt, meint es böse mit Dir oder will Dir schaden! Es geht auch nicht darum, ob Medien Dich manipulieren und es eine andere Weltordnung geben wird, in der alle Menschen von ein paar wenigen Mächtigen versklavt werden.

Es geht hier nicht um diese Art von Freiheit! Die Freiheit, alles zu tun, was Du willst. Es geht um eine innere Freiheit, letztendlich ging es schon immer darum, doch ein Schlafzauber hatte sich darüber gelegt.

Diese innere Freiheit kann dann wieder mit Freunden zusammen sitzen, die eine andere Sicht haben. Diese innere Freiheit kann jemanden umarmen, der keine Maske trägt, obwohl es hier in einem Geschäft Pflicht ist.

Diese innere Freiheit kann jemanden grüßen, wenn dieser eine Maske trägt, obwohl er alleine im Wald ist und es im Umkreis von zehn Kilometern keinen einzigen anderen Menschen gibt, außer Dich selbst natürlich.

Es ist eine große Chance, durch diese gewaltigen Umstände, die wir erfahren, die uns in den Hass und in die Angst treiben, zu sehen, dass das Ziel die Liebe ist. Dass alle Handlungen aus ihr kommen, jeder Gedanke und jedes Gefühl und dass wir mit diesem Boden als Menschen ein Paradies erschaffen können. Es ist sogar möglich, weiter auf Demos zu gehen. Es ist sogar möglich, weiter nur auf der Couch zu sitzen und Filme anzuschauen.

Alles ist möglich, wenn es aus dem fruchtbaren Boden der Einsicht, der Selbsterkenntnis und der Liebe kommt.

„Es sind nicht die Dinge selbst, die uns beunruhigen, sondern die Vorstellungen und Meinungen von den Dingen."

Epiktet

Offenheit

"Manchmal steigt man morgens aus dem Bett und denkt sich, dass man es nicht schaffen wird, aber innerlich lacht man darüber und erinnert sich an die vielen Male, die man das schon gedacht hat."

Charles Bukowski

Natürlich beinhalten beide Sichtweisen, an die man sich klammert, die Angst. Diejenigen, die glauben, dass dieses Virus sehr schlimm ist, haben Angst zu sterben, krank zu werden, zu leiden.

Die anderen, die glauben, das Virus ist viel harmloser, haben nun Angst davor, dass sie durch Medien manipuliert werden, dass Politiker über Leichen gehen, dass sogar der Tod von zahllosen Menschen in Kauf genommen wird, nur um diese Politik des Rechthabens durchzusetzen.

Beide Seiten haben Angst, Angst vor der Zukunft. Diese Angst lähmt das Gefühl für die Gegenwart. Es wird kaum noch etwas anderes wahrgenommen. Im Lächeln eines Kindes verbirgt sich schon die Angst, dass dieses Kind leiden wird; in der Freude über eine schöne Blume verbirgt sich die Angst vor der Vergänglichkeit. Wir sind alle in ein Angstkorsett gerutscht, das immer enger geschnürt wird, bis uns die Luft ausgehen wird.

Um dieser Angst zu entgehen, wird eine Lösung gesucht, entweder die Impfung für alle oder der Sturz der Politiker, damit alles wieder gut wird. Doch beides ist unmöglich, denn die Angst kann nicht mehr zum Schweigen gebracht werden. Dafür ist das Monster schon zu sehr gefüttert worden. Vielleicht würde sie sich bei einigen kurz beruhigen, nur um dann aus dem Hinterhalt erneut zuzuschlagen.

Doch wir können das alles als Chance sehen, zum ersten Mal in der Geschichte der Menschheit, diese Angst nicht weiter zu verleugnen und wegzuschieben, sondern sie willkommen zu heißen und ihr wahres Gesicht zu sehen. Ein vielleicht liebevolles, fürsorgliches Gesicht, das nur hinter dunklen Wolken liegt.

„Jeder ist ein Genie! Doch wenn Du einen Fisch danach beurteilst, ob er auf einen Baum klettern kann, wird er sein ganzes Leben glauben, dass er dumm ist.“

unbekannter Autor

Der Weg, sich der Angst zu stellen und sie irgendwann dabei sogar zu durchschauen, ist steinig und hart. Er ist sogar sehr schmerzvoll, weil vieles, woran Du bisher geglaubt hast, hinterfragt werden muss. Der sichere Hafen muss geöffnet werden und bereit sein, Neues aufzunehmen und Altes loszulassen, damit die Angst ihre Macht verliert.

"Nichts, was sich im Dunklen verstecken muss, hat irgendeine eigene authentische Kraft."

Weisheit nordamerikanischer Ureinwohner

Jede Sichtweise, ob es eine alte ist oder eine neu gewonnene, kerkert das Leben ein. Stück für Stück können wir den Kerker vergrößern, sodass vielleicht ein wenig Licht hineinkommt, oder sogar eine Blume wachsen kann. Und doch bleiben wir gefangene, bis wir uns ohne Mauern ganz dem Leben stellen.

Denn jede Sichtweise, an der krampfhaft festgehalten wird und die damit das Leben einfrieren lässt, beinhaltet doch schon ein tiefes Unbehagen darüber, nicht wirklich im Leben zu stehen, sondern sich an Gedanken festzuhalten, die einem das Gefühl von Kontrolle vermitteln. Doch zu welchem Preis? Sich getrennt zu fühlen von dem, was wahr ist, was paradiesisch ist, was lebendig ist. Es ist ein tägliches, leises Sterben, Stück für Stück. Der Tod der Wirklichkeit.

"Der größte Beitrag Indiens liegt in der Erkenntnis, dass der Erfahrende, die Erfahrung, die er macht, und das Erfahren selbst, als Geschehen, untrennbar und ein und dasselbe sind."

Sri Amma Bhagavan

Das ist erst mal nicht zu verstehen, weil Dir bis jetzt diese Sichtweisen das Gefühl gegeben haben, dass sie dir helfen, besser zu überleben und besser an Deine Ziele zu kommen.

Ich will sie Dir auch nicht stehlen. Behalte sie, solange Du sie brauchst. Dennoch will ich sie ein wenig hinterfragen. Du kannst ja einfach mal mitkommen und danach selbst entscheiden.

Hier ist ein Beispiel:

"In einer Fußgängerzone steht ein Mann und klatscht alle 10 Sekunden in die Hände. Als ein Passant ihn fragt, was er denn tue, antwor-

tet er: „Ich vertreibe die wilden Elefanten". Erstaunt entgegnet der Passant: „Aber hier sind doch gar keine Elefanten." Worauf der klatschende Mann zufrieden lächelt und feststellt: „Sehen Sie? Das Klatschen wirkt."

nach Paul Watzlawick

Das heißt, alles, was passiert, kann so genutzt werden, dass es die eigene Sichtweise noch weiter untermauert, bestätigt und als einzig richtige dastehen lässt.

Wenn man nun von dem Mann verlangt, dass er doch das Klatschen einstellen sollte, damit er sieht, dass auch dann keine Elefanten kommen würden, würde dieser Mann das so ohne weiteres tun? Wenn er doch davon überzeugt ist, dass es an seinem Klatschen liegt, dass keine wilden Tiere da sind?

Vielleicht sind es keine Elefanten, die er vertreibt, sondern der Glaube an Monster, Geister, oder andere echt gefährliche Dinge! An Sachen, die, wenn er nicht mehr klatschen würde, sein Überleben gefährden, ihn zerreißen, zerstückeln, auffressen würden.

Womöglich macht jeder Mensch das die ganze Zeit. Zwar nicht so offensichtlich wie dieser Mann, der in einer öffentlichen Fußgängerzone klatscht. Nein, aber vielleicht macht jeder Mensch genau dieses mit seinen Gedanken und Gefühlen. Vielleicht schaut jeder Mensch die ganze Welt dauernd nur aus seiner Perspektive an und handelt dementsprechend. Und dann ist alles was passiert, ein Beweis für die Richtigkeit dieser Sichtweise. Denn der einzige Unterschied zwischen einem Rund-Denker und einem Eckig-Denker ist ja seine Sichtweise der Dinge. Das ist das, was die beiden Lager entzweit. Und das ist es auch, was die beiden Lager immer weiter auseinander treibt, bis jeder am Ende einer Sackgasse steht, mit dem Rücken zur Wand und den Waffen in der Hand.

Die große Frage ist: Woher kommen die Sichtweisen? Kann man auch ohne sie leben? Warum hält man an ihnen fest und verteidigt sie mit seinem eigenen Leben? Gibt es nicht gute Gründe? Warum sollte man sie einfach loslassen?

Nach Sichtweisen wird alles ausgerichtet: Das eigene Leben, wie man auf Menschen reagiert, auf Gefühle und Gedanken, auf Situationen. Danach werden Freunde ausgesucht, das ganze Leben wird von ihnen bestimmt ... von den gesammelten Sichtweisen über die Welt und alles darin. Auf Grundlage der eigenen Sichtweisen bringt man sogar andere Menschen um. Um eine Sichtweise zu verteidigen, würde man alles tun: Man würde verraten, verleugnen, manipulieren und morden.

Warum ist das so? Was ist daran so wichtig? Warum fängt man an, mit jemandem Krieg zu führen, der eine andere Sichtweise hat.

Dahinter verbirgt sich ein unglaubliches, kraftvolles und einzigartiges Schema: Es geht darum, Schmerzen zu vermeiden.

Wenn man auf unsere Vorfahren schaut, dann war es überlebenswichtig, körperlichen Verletzungen zu entgehen. Denn durch Verletzungen ist man darin beeinträchtigt, sich zu verteidigen. Sie verringern die eigene Kraft. Das Warnsignal Schmerz bedeutet, dass es eine Verletzung gibt, um die sich gekümmert werden muss. Also sind Schmerzen ein Vorbote davon, unter Umständen nicht mehr überlebensfähig zu sein. Denn wenn man durch Verletzungen schwach ist, könnte man gefressen werden, verhungern, oder einen anderen schmerzvollen Tod sterben. Also versucht der Mensch Kontrolle zu gewinnen und baut dabei Glaubensmuster und Sichtweisen auf, die ihn vor solchen Gefahren schützen sollen. Sie werden zum Symbol der Sicherheit und schließlich sogar wichtiger und realer als das eigentliche ursprüngliche Thema.

Ein doch wahres und witziges Beispiel ist im Film "The Croods" zu sehen. Im ersten Teil hat der Neandertaler Vater die Sichtweise, dass man nicht aus der Höhle gehen sollte, weil es zu gefährlich ist, doch durch die Tochter, die diese Regel bricht, haben sie es geschafft, zu überleben.

„Den größten Fehler, den man im Leben machen kann, ist, immer Angst zu haben, einen Fehler zu machen."

Dietrich Bonhoeffer

Die Sichtweisen, die man eingenommen hat, große Sichtweisen oder auch kleine, scheinen einen vor Gefahren schützen zu können. Durch Sichtweisen kann man Gefahren besser einschätzen und das Überleben der Sippe ist garantiert. Je länger überlebt wird, desto mehr verstärkt sich die Gewissheit, dass man wegen seinen Sichtweisen überlebt hat. Diejenigen, die sterben oder krank werden, werden aussortiert. Sie hatten halt die falsche Sichtweise.

Nun ist es heutzutage zwar so, dass wir nicht mehr wie früher dem physischen Tode ausgeliefert sind, wenn wir eine falsche Sichtweise haben, da wir in einer physisch weitaus weniger gefährlichen Welt leben. Essen gibt es nun im Supermarkt. Selber wird man auch nicht mehr gefressen. Gefährliche Tiere sind nur noch im Zoo. Und es gibt eine Menge Versicherungspolicen, um im Ernstfall geschützt zu sein. Gefahren sind nicht mehr unmittelbar fühlbar, sondern nur noch abstrakt. Auf Schachteln muss man abscheuliche Bilder kleben, um davor zu warnen, den Inhalt zu rauchen. Starker Konsum von Alkohol, Fett und Zucker haben erst nach Jahren eine Auswirkung, doch jeder glaubt, ihn wird es nicht treffen.

Es steht kein Tiger mehr vor uns und unsere Höhle hat im Winter immer Feuerholz. Unmittelbare Gefahren, die jederzeit eintreffen können, wurden minimiert. Plötzlich ist es ein Genuss, Horrorfilme anzuschauen oder negative Nachrichten zu hören, weil wir in unseren sicheren Welten Gefangene sind, die kaum noch etwas fühlen können. Plötzlich hören wir von einem Schrecken, von einer Gefahr und werden ganz Ohr. Ist da vielleicht etwas, das dem eigenen Leben einen Sinn geben könnte? Oder etwas, das uns daran erinnert, das wir leben? Das uns antreiben könnte, wieder leben zu wollen?

Und doch ist es tief in uns verankert und immer noch die Grundfeste, auf die wir aufbauen. Wir sind ein leichtes Ziel, warmes Fleisch, das andere gerne zum Essen hätten. In unseren Zellen sitzt die Erinnerung. Dort hallt sie noch wie ein leises Echo nach, immer und immer wieder. Eine falsche Sichtweise ist gefährlich und könnte zu qualvollen Schmerzen bis hin zum Tod führen. Eine falsche Sichtweise könnte auch dazu führen, dass ich aus der Gruppe ausgeschlossen werde. Ich könnte aus der Höhle rausgeworfen werden. Eine Gruppe bringt mir Sicherheit, das Ausgeschlossensein vielleicht den Tod.

Sichtweisen sind also dafür verantwortlich, Gefahren aus dem Weg zu gehen. Und ohne Gefahren wird es auch keine Schmerzen geben. Und ohne Schmerzen wird man lange leben.

Doch so sehr wir auch versuchen, durch unsere Sichtweisen Schmerzen zu vermeiden, das Leben macht uns einen Strich durch diese Rechnung: Ohne Schmerz keine Veränderung. Jedes Wachsen beinhaltet Schmerzen. Es kann nur etwas Neues entstehen, wenn Altes stirbt. Je intensiver ein Prozess des Wachstums, umso größer die Transformation. Es wäre nicht das Leben, wenn es nicht die Zeitlichkeit beinhalten würde. Zeitlichkeit bedeutet immer Verlust. Etwas muss gehen und verändert sich. Immer wieder Verlust, immer wieder Verlust.

Eine Geburt z. B.: Es kann nur ein Kind geboren werden, wenn die Mutter und das Kind Schmerzen haben. Was für eine Veränderung von diesem innewohnenden warmen Bauchgefühl hinaus zu gleiten in eine kalte Welt. Was für ein Erlebnis, die Lungen zum ersten Mal benutzen zu müssen. Und erst der Hunger!

Natürlich ist es möglich, Schmerzen zu verringern. Wenn man nicht in die Wunde fasst oder auf anderen Ebenen, zum Beispiel durch die richtige Atmung, entspannende oder relativierende innere Einstellungen und besonders durch ein starkes "Ja" zu dem Schmerz selbst. Wenn in dieser extremen Situation die Mutter einen Widerstand gegenüber den Schmerzen hat, könnte es eine lange und schwierige Geburt werden.

Eine befreundete Hebamme berichtete mir davon immer wieder. Wenn es ein "Ja" gibt, eine unendliche Freude auf das neue Leben, ohne Widerstand, dann ist diese Geburt ein Hineinschweben in eine Glückseligkeit. Voller Kraft geht die Mutter in jede Wehe, jeden Schmerz und man spürt: Da geschieht etwas Tolles, etwas Lebendiges, etwas Bedeutendes. Es werden immer noch Schmerzen da sein, doch ihr Erleben hat sich verändert. Es ist nicht mehr etwas, vor dem man sich verstecken will, was weggeschoben wird. Es ist ein Teil des Lebens geworden. Es ist das Leben selbst.

Wenn das Entgleiten Deiner Sichtweisen also Schmerz verursacht, ist das womöglich ein gutes Zeichen. Es kann nur Transformation geben, wenn etwas Altes stirbt. Und das tut weh!

"Man sieht die Blumen welken und die Blätter fallen, aber man sieht auch Früchte reifen und neue Knospen keimen. Das Leben gehört den Lebendigen an, und wer lebt, muss auf Wechsel gefasst sein."

Johann Wolfgang von Goethe

Dieser Widerstand und das Vermeiden von körperlichen Verletzungen und Schmerzen birgt auch eine ganz andere Gefahr in sich. Denn Seelische Verletzungen/Schmerzen werden mit in den Topf der körperlichen Schmerzen/Wunden geworfen - es gibt keine Abgrenzung. Es gibt keine innere Instanz, die das unterscheiden kann. Es wird auch auf der Gefühlsebene versucht, sich zu schützen.

Doch ohne die Offenheit dafür, auch seelische Schmerzen oder Verletzungen zu erfahren, gibt es kein wirkliches Leben, keine echte Beziehung, sei es romantisch oder freundschaftlich. Wie willst Du eine Beziehung aufbauen, in der die Liebe des anderen Dich erreicht, ohne diesem Menschen gegenüber auch verletzlich zu sein, wenn er sie Dir entzieht, wenn er Dich schlecht behandeln würde. Ein Leben ohne Verletzlichkeit ist ein Puppenleben, ein Glaskastenleben. Wenn man um alles in der Welt versucht, Gefahren aus dem Weg zu gehen, niemals jemanden zu verletzen oder selbst verletzt zu werden, würde man auch niemals anfangen, die ersten Gehversuche zu machen. Man könnte ja hinfallen. Man würde niemals jemand neues kennenlernen können, weil man sein Herz dazu ein wenig öffnen muss. Niemals würde man etwas wagen, wenn man nicht auch offen für das Scheitern ist. In einer Welt zu leben, in der es keine Offenheit für Schmerzen gibt, bedeutet gar kein Leben: Es gäbe keine Kunst, keine Bewegung, keine Genies, die neue Wege gehen, keinen Menschen, der einen anderen anlächelt, kein Kind, das unschuldig und frei spielt und lacht. In dieser Welt wäre man alleine zu Hause, sicher vor allen Gefahren, vor dem Fernseher. Was man braucht, bestellt man online.

In dieser Welt würde es eine Blume nicht wagen zu blühen oder ein Vogel zu singen, da jemand anderes ihnen ja wehtun könnte. Schmerz ist eine Voraussetzung dafür, dass es überhaupt eine Welt gibt, dass es überhaupt das Leben gibt! Und Schmerz ist noch viel mehr. Er schenkt uns sogar immer wieder das Gefühl der Lebendigkeit, das Gefühl, dass wir etwas lieben und dass uns etwas bedeutet.

Um das Leben wirklich voll auszuschöpfen, um wirklich lebendig zu sein, braucht es eine Offenheit für alle Gefühle. Wenn Du lieben und geliebt werden willst, muss es diese Offenheit geben. Um Impulse des Lebens zu leben, braucht es diesen Schritt. Du streichelst jemanden über den Rücken, den du magst. Du lachst wieder über blöde Witze. Du hast keine Angst mehr vor Gesichtsverlust und umarmst spontan einen Baum in der Fußgängerzone. Du könntest sogar mit Deinen Feinden wieder an einem Lagerfeuer sitzen, weil es kalt ist und ihr euch gemeinsam wärmen wollt.

Gelernte Sichtweisen

Hier ein Beispiel für ein Experiment (dieses wurde wirklich mit Personen durchgeführt), wie einfach und unhinterfragt selbst absurdeste Sichtweisen übernommen werden können:

Im Wartezimmer einer Arztpraxis sitzen ca. zwölf Personen. Von diesen sind elf in das Experiment eingeweiht. Eine Person hat keine Ahnung. Plötzlich ist ein Piepton zu hören und alle Eingeweihten stehen kurz auf. Das passiert immer und immer wieder. Nachdem dieser Vorgang sich mehrere Male wiederholt hat, steht, nach kurzem Zögern, auch die nicht eingeweihte Person auf. Als alle Eingeweihten nacheinander aus dem Wartesaal gerufen werden, nachdem sie immer wieder aufgestanden sind, befindet sich die nicht eingeweihte Person alleine dort. Und tatsächlich steht sie auch beim nächsten Piepton auf, obwohl kein Mensch mehr da ist.

Dann kommt eine weitere nicht eingeweihte Person in den Warteraum. Die erste Person steht beim Piepton wieder auf, worauf die andere fragt: „Was machen Sie da?" Die erste Person antwortet: „Das haben alle anderen auch gemacht!"

Und was passiert, als es erneut piept? Beide stehen auf. Dann füllt sich der Raum wieder mit nicht eingeweihten Personen, und: Jede neue Person steht beim Piepton mit auf - bis der Warteraum voll ist! Alle stehen auf, keiner fragt mehr, warum das gemacht wird.

Hier zu sehen: https://www.youtube.com/watch?v=Eum-Ndi-PoU4

Wenn das Experiment nun einfach fortgeführt würde und man dann den hundertsten Menschen fragen würde, was er da macht, hätte dieser nicht eine unglaublich gute Erklärung dafür? Viele Beweise, dass es so sein muss. Würde dieser Mensch das wirklich ohne weiteres infrage stellen? Denn das infrage zu stellen würde ja bedeuten, dass man ein Depp ist, sich lächerlich gemacht hat, Gesichtsverlust! Daher lieber eine gute Erklärung finden, warum das gemacht werden muss.

Soll man wirklich als erster nicht mehr aufstehen und sich den Blicken der anderen ausliefern? Soll man sich wirklich als Erster dieser Peinlichkeit aussetzen und eventuell Freunde verlieren, die einen lächerlich finden?

Noch ein anderes, alltäglicheres Beispiel wäre vielleicht ein Mensch, der sein Leben lang geraucht hat und immer daran festhält, anstatt sich mal einer neuen Sichtweise zu öffnen. Nämlich dass es gesünder ist, es nicht zu tun, oder dass es verrückt ist, sich von dieser Gewohnheit derart regieren zu lassen, dass man notfalls selbst bei strömendem Regen zum Zigarettenautomat gehen würde. Die Bereitschaft, diese Überzeugung ("Ich bin Raucher!") zu durchbrechen, wird es oft nur geben, wenn unmittelbar eine Bedrohung stattfindet und man sozusagen schon fast gezwungen wird, eine neue Sichtweise einzunehmen (z. B.: Der Arzt sagt, man sollte aufhören, ansonsten hat man nur noch zwei Wochen zu leben).

Sich freiwillig einer anderen Sichtweise zu öffnen, ohne eine sichtbare größere Bedrohung, ist oftmals fast unmöglich, weil damit immer auch verbunden wird, dass man etwas opfern muss. Man muss etwas opfern, von dem man bis jetzt dachte, dass es einem etwas geben könnte: Sicherheit, Zufriedenheit, Glück, Ansehen, Liebe.

"Opfer sind wie Flüssigmachungen erstarrter Lebensbereiche. Opfer bringen solche Bereiche wieder zum Fließen, sie lösen Verkrampfungen auf und erzeugen Entspannungen. So entsteht Raum, in den das Leben wieder hinein fließen kann. Sie machen uns lebendig und bringen uns dadurch wieder intensiver in Kontakt zur lebendigen Wirklichkeit.

Beispielsweise in der Erotik. Wenn ich mich jahrelang erotisch nach einer Frau verzehre, dann kommt irgendwann der Zeitpunkt, an dem es angesagt ist, diese sich als Verkrampfung in mir verknotete Sehnsucht aufzulösen, indem ich es annehme, dass diese Frau mich nicht erhört und indem ich diese Sehnsucht opfere. Dadurch entspanne ich mich und öffne mich vielleicht wieder mehr für die Frauen, die im Begriffe sind, erotisch in mein Leben hereinzukommen."

Rudolf Walter

Jede Sichtweise verspricht auch ein Geschenk. Und das Aufgeben dieser Sichtweise beinhaltet, dass etwas verloren geht, man also Mangel erlebt, einem etwas genommen wird. Also warum sollte ein Rund-Denker oder ein Eckig-Denker seine Sichtweise aufgeben, wenn er doch dabei nur sicheres Unglück, Schmerzen oder sogar den Tod erwartet?

Wenn es dann auch noch noch eine Sichtweise ist, die die Mehrheit der Menschen hat (wie bei dem Piepton zusammen aufzustehen), ist es umso schwieriger, sich dagegen zu wehren, denn niemand möchte alleine da stehen. Man möchte sich immer einer Gruppe zugehörig fühlen. Denn nichts gibt mehr Sicherheit, Geborgenheit und Sinnempfinden, als dazu zu gehören. Nur in der Gruppe war man als Neandertaler geschützt. Alleine war man gefährdet und dem Tode geweiht.

Darum können oft nur schwere Schicksalsschläge, massive Gewalt oder Gefahr - oder ein Wunder - unsere Sichtweisen verändern. Denn das infrage Stellen von Sichtweisen gefährdet nicht nur das eigene Überleben, dadurch dass man seine Gruppe verlieren könnte, sondern auch alles, woran man bis dahin geglaubt hat. Es könnte alles infrage stellen, wie man das eigene Leben bis jetzt gelebt hat. Es könnte ja dazu führen, dass man erkennt, dass viele schlimmen Dinge, die man anderen Menschen oder sich selbst angetan hat, gar nicht notwendig waren. Es könnte zu Schuldgefühlen führen. Es könnte zu der Einsicht führen, dass man selbst dafür verantwortlich ist, wie man gelebt hat. Es könnte dazu führen, dass man andere nicht mehr verteufelt. Anderen Menschen kann man dann nicht mehr vorwerfen, dass sie für das eigene Leid verantwortlich sind.

Es könnte dazu führen, dass man sieht, dass man ein ganz anderer Mensch ist, als man es gestern war oder dachte. Wenn Sichtweisen infrage gestellt werden, was bleibt dann noch? Was ist der Kern des Menschen, was ist die Essenz? Was bleibt übrig?

"Kein Mensch steigt zweimal in denselben Fluss. Denn es ist nicht derselbe Fluss und er ist nicht derselbe Mensch."

Heraklit von Ephesos

Wir sind doch alle auf der Suche nach dem Sinn des Lebens. Eine tiefe Sehnsucht umhüllt unsere Seele. Sehr viele Philosophen sponnen zahllose Theorien und Sichtweisen darüber.

Eine meiner liebsten ist diese hier:

"Wir sind alle auf der Suche nach dem Sinn des Lebens. Ich glaube eher, wir suchen eine Erfahrung des Lebendigseins, so dass wir das, was wir rein physisch in unserem Leben erfahren, dass das in unserem allerersten Selbst, unserer allertiefsten Realität nachhallen kann, so dass wir hingerissen den Rausch des Lebendigseins spüren. Darum geht es letzten Endes und alle Hinweise helfen uns, letztendlich das zu finden.

Was ist der Sinn einer Blume, des Universums, eines Flohs?

Der Sinn ist die Erfahrung des Lebendigseins an sich, von der Blume und wie sie hingerissen das Lebendigsein spürt."

Joseph Campbell

Und braucht eine Blume eine Sichtweise auf das Leben, um es zu genießen? Oder ein Mensch? Ist es nicht vielmehr so, dass nach dieser Wahrnehmung Sichtweisen uns sogar eher davon abhalten, den Rausch des Lebendigseins wirklich intensiv zu spüren? Sichtweisen sind der Tod unserer Sehnsucht nach Lebendigkeit. Auf Schmerzen mit Widerstand zu reagieren, ist der Tod der Erfahrung des Lebendigseins, das auch im Schmerz zu finden ist.

"Manchmal vermag uns ein durch den Asphalt brechender Löwenzahn die tägliche Frage nach dem Sinn des Lebens eindrücklicher und überzeugender zu beantworten, als eine ganze Bibliothek philosophischer Schriften."

Thornton Wilder

Mitfühlen

Auf dieser Grundlage schauen wir uns mal kurz das Leben eines neu erwachten Eckig-Denkers und eines bleibenden Rund-Denkers an.

Es wird gelebt. Jahrelang hat dieser Mensch sich in einer bestimmten Lebenstrance befunden, in der sogenannten Realität. Die eigenen Sichtweisen waren gut und haben ihn geschützt. Gefahren gab es nur abstrakt in der Zukunft. Dann kam das Corona-Virus. Am Anfang war man voller Angst und Schrecken, welche Krankheit auf einen zurollen könnte. Oder man hat sich kaum damit beschäftigt, da alles so weit weg war und einen selbst bestimmt nicht betreffen würde. Die Politik und die Massenmedien schlugen immer mehr Alarm. Jeden Tag wurde man berieselt: Es ist schlimm, es wird schlimmer, es werden viele Menschen sterben, wenn wir nichts unternehmen.

Dann Lockdowns, man wurde isoliert, noch weiter vor den Fernseher gezerrt, noch weiter ging die einseitige Berichterstattung. Die Angst und das Unwohlsein vor der Zukunft wurden größer.

Und hier schieden sich zwei Lebensansichten…

Lebensansicht als Eckig-Denker:

Manche haben vielleicht einen Link mit einem Youtube-Video bekommen, oder ein Gespräch mit Menschen geführt, die die Lage ganz anders sehen. Vielleicht stand auch etwas Kritisches in einer Zeitung oder es gab einfach nur so ein Gefühl, dass da irgendetwas nicht stimmt.

Dann das vorsichtige Herantasten, dass es vielleicht gar nicht so schlimm ist, dass die Maßnahmen überzogen sind.

Der erste Riss in der Realität. Warum sollte man einem etwas vormachen? Warum lügen? Nein, ich will es nicht glauben!

Dann fängt man an, selbst zu forschen, auf Kanälen, auf denen eine andere Meinung herrscht. Langsam, noch mit Widerstand, bröckelt das Gefühl, dass die normalen Medien und die Politiker nur das Beste für alle wollen. Es werden immer mehr Beiträge gelesen, immer öfter hört man Menschen, die eine ganz andere Sichtweise haben. Menschen, denen man anfängt zu vertrauen. Mehr als den Massenmedien. Menschen, die sich ebenfalls auf wissenschaftliche Fakten und anerkannte Koryphäen der Materie stützen. Vielleicht sogar Ärzte, die alles für Unsinn erklären und darüber hinaus noch Gefahren darin sehen, dass man nicht mehr an die frische Luft geht. Die davon berichten, dass Menschen an anderen Krankheiten sterben, weil sie nicht mehr raus dürfen. Die den Anstieg häuslicher Gewalt beobachten usw.

Dann das wirkliche Erwachen. Unglaublich! Wenn das tatsächlich eine Lüge ist, ist vielleicht alles andere, von dem ich dachte, dass es so ist, auch nicht wahr.

Ist Donald Trump wirklich der Bösewicht, vor dem die

ganze Welt warnt und über den sich alle nur lustig machen? Vielleicht stimmt das auch nicht, vielleicht stimmt kaum etwas, was mir bis dahin erzählt wurde. Vielleicht wurde ich schon immer manipuliert, um eine gewisse Sichtweise einzunehmen, die besser ins politische Weltbild passen soll, mich gefügig macht, nichts hinterfragen lässt. Ein Zahnrad im Getriebe.

Ein Mensch, der seit vierzig Jahren in dem Glauben lebte, dass alles gut ist, das nichts Mächtiges ihm Böses will. Dass alles seine Ordnung hat, dass alles beschützt wird vom System. Und nun? Alles bricht zusammen, man wurde angelogen, verraten und hintergangen und das schon immer! Dabei ist im Moment nicht relevant, ob das wahr ist oder nicht.

Je mehr der Mensch alles hinterfragt und selbst anfängt zu forschen, umso mehr stößt er auf Geheimnisse, die tief verborgen waren. Es werden ihm immer mehr die Augen geöffnet, immer mehr Beweise werden gefunden. Man kann nichts mehr einfach hinnehmen. Nichts mehr einfach glauben. Man muss aufstehen! Die Wahrheit muss ans Licht. Die tanzen uns auf der Nase herum und wir segnen alles unhinterfragt ab!

Es zieht einem den Boden unter den Füßen weg. Man fällt in ein Nichts. So ähnlich fühlt es sich an. Etwas, was unumstößlich gewesen war, verliert sich in einer Lüge.

Wie geht es so einem Menschen? Die Wahrheit muss geteilt werden! Er will andere aufklären, ihnen die Augen öffnen. Bitte hört doch zu! Er möchte seine Erkenntnis mitteilen, es geht ums Überleben! "Die machen was sie wollen mit uns! Wir müssen aufpassen!" Er möchte seine Liebsten schützen, er muss sie aufwecken, weil sonst alles zugrunde geht. George Orwells "1984" wird plötzlich Wirklichkeit. Die Komplettverarschung der Menschheit. Die innere und äußere Gefangennahme, Versklavung, Diktatur! Er will alle warnen, dass er selbst einmal wie sie war und es nun durchschaut hat: Es gibt keinen Weihnachtsmann!

Aber nun wird er selbst als Eckig-Denker bezeichnet, ist selbst derjenige, der alles in Gefahr bringt, der sogar selbst die Gefahr ist.

Durch sein Erwachen wird es immer schwieriger, mit Freunden und der Familie über die Zusammenhänge zu reden. Sie wollen es einfach nicht hören. Doch die Wahrheit muss heraus! Langsam wenden sich Freunde und seine Familie von ihm ab. Manche verlieren sogar deswegen die Arbeit, ihre Existenzgrundlage. Mama und Papa, die im Altersheim sind, wollen nicht mehr, dass er sie besucht. Doch es ist zu spät, er kann nicht mehr zurück, es darf keine Lüge mehr gelebt werden. Es geht nun um Wahrheit und Ehrlichkeit! Es geht oftmals sogar um die Zukunft der Menschheit.

Der Mensch merkt, dass die Massen ihm nicht zuhören, und hört dabei immer mehr Geschichten über Geheimverschwörungen. Wie soll er noch unterscheiden, was wirklich ist und was nicht, wo er doch sieht, wie vehement die Öffentlichkeit selbst den stärksten Beweisen widersteht. Er muss alles für möglich halten. Es gibt vielleicht wirklich eine riesige Verschwörung!

Dieser Mensch hat nun nicht nur noch Angst vor einem Virus, das vielleicht aufgehalten werden kann, nein, es ist eine andere Angst geworden: Die Angst vor dem System, vor Politikern, vor der Welt. Die bösen Deep State-Führer wollen 90 % der Menschheit ausrotten, eine neue Weltordnung schaffen. Es soll zu einem "Great Reset" kommen. Und was kann er dagegen unternehmen? Eigentlich nichts! Außer sich jeden Tag noch mehr Infos reinziehen, die die Angst noch größer werden lassen. Vielleicht ab und zu als große Revolte auf eine Demo gehen. Und dabei immer wieder spüren, dass er machtlos ist, dass man fast gegen die ganze Menschheit ankämpft, gegen alles Geld der Welt, gegen die größten Firmen und die mächtigsten und korruptesten Staaten und Menschen.

Diese Angst, die sich dort auftut, ist so viel umfassender und größer als die Angst vor einer Krankheit, die man schon irgendwann in den Griff bekommt.

Dieser Mensch läuft nun in der Welt herum wie in einer Matrix. Alles scheint unwirklich, nur ein Schauspiel. Er kann keine Filme aus Hollywood genießen, alles ist eine Lüge. Er kann seinen Kindern nicht mehr sagen, dass alles gut ist. Er hat die große Herde verlassen, zu der er sich zugehörig fühlte. Ohne Telegram wäre der Mensch ganz alleine, ohne den Kontakt zu den wenigen Gleichgesinnten würde die reine Einsamkeit warten. Alles ist unwirklich geworden, die Welt besteht nur noch aus Schein, niemandem kann man mehr trauen, die Zukunft birgt nur Angst und Schrecken.

„Einsamkeit ist der Preis meiner Freiheit
Ich möcht' sie trotzdem nicht verlier'n
Lieber allein als gemeinsam einsam
Vor Zufriedenheit zu frier'n!"

Liedtext von Mario Hené

Und was kann dieser Mensch tun? Das einzige, was er tun kann, ist, andere auch in diesen Abgrund von Angst und Schrecken hinzuziehen, um nicht mehr alleine zu sein. Andere sollen auch aufwachen und sein Leid teilen. Gemeinsam könnte man etwas verändern. Doch die Menschen werden vor dem Eckig-Denker gewarnt. Es ist immer schwerer, andere zu erwecken. Immer mehr Menschen verschließen sich. Nun kann nichts mehr genossen werden, noch nicht einmal eine Schneeballschlacht mit den Kindern. Wenn die wüssten! Wenn die wüssten, dass wir in einer Welt Leben, in der wir betrogen und manipuliert werden. Eine Welt, in der wir Sklaven sind und nur ackern für die Mächtigen, bis wir weggeschmissen werden. Wenn die wüssten, was noch Schlimmeres auf sie zukommt. Absolute Kontrolle! Ein Hundehalsband (Chip) wird uns umgelegt (eingepflanzt) und wir hecheln dann nach Leckerlies. Wenn all die anderen Menschen nur wüssten …

Lebensansicht eines Rund-Denkers:

Jahrelang ist eigentlich alles in Ordnung. Die Welt funktioniert, wenigstens in unserer Region muss niemand verhungern, Vater Staat hat Stabilität und Reichtum geschaffen, wie es keine Epoche zuvor gekannt hat. Die Medien geben einem den kontrollierten Überblick: Alles ist letztendlich gut, es gibt eine Ordnung, es gibt ein Vertrauen in die Welt. Zumindest in der eigenen Nähe. Deutschland, Europa ist sicher. Auch wenn es jetzt etwas schwierig sein sollte, es wird schon wieder gut. Wir müssen zusammenhalten. Wir schaffen das!

Die Medien und die Politik warnen vor Menschen, die es anders sehen. Diese versuchen einen zu "brainwashen", und man sollte sehr vorsichtig bei solchen Menschen sein. Denn sie haben nicht die Experten als Berater, wie die Politiker sie haben. Die Zahlen sprechen eindeutig. Es gibt Todesfälle. Es geht nicht um Meinungen oder Politik. Es geht ums Überleben, um Sicherheit, um Menschlichkeit. Jeder muss jetzt mithelfen, indem man einfach gemeinsam ein bisschen aufpasst. Eckig-Denker tragen nichts zur Bekämpfung dieses gefährlichen Virus bei, sie sind sogar eine Gefahr für Dein Überleben. Wegen ihrer Rücksichtslosigkeit stirbt vielleicht Deine Oma. Sie sind egoistisch und verantwortungslos. Sie denken nur an sich selbst, ohne Gnade nehmen sie leichtfertig den Tod von unzähligen anderen in Kauf.

Du bist ein guter Mensch, sagen die Politik und die Medien. Du bist ein Held, wenn Du alles das machst, was wir sagen. Bleib einfach zuhause, genieße die Zeit, schaue Fernsehen. Und je mehr Fernsehen geschaut wird, umso mehr Zeit man alleine ist und in seiner Welt bleibt, umso größer wird die Bestätigung dieser Sichtweise. Es sind schwierige Zeiten, aber wir müssen da jetzt zusammen durch. Es ist zu unser aller Wohl. Wir sind die Guten.

Es gibt Bonbons! Mal wieder Lockerungen vom Lockdown, mal wieder eine Finanzspritze. Erfolgsmeldungen. Durch einen sehr sicheren Impfstoff kann alles wieder normal werden. Es müssen sich nur genug Menschen impfen lassen. Dann haben wir es geschafft! Dann ist die Welt gerettet.

Dann wieder ein Lockdown, wieder eine Verschärfung der Maßnahmen. Wir haben es bald geschafft, wir müssen nur noch ein bisschen durchhalten. Bitte tu es aus Liebe zu Deinen Kindern, aus Liebe zu Deiner Familie. Du willst doch nicht, dass sie sterben!

Ahh, es sterben immer noch Menschen, auch Dich könnte es treffen! Vielleicht sind diese verantwortungslosen Eckig-Denker schuld. Sie nehmen die Maßnahmen nicht ernst und verbreiten das Virus immer weiter.

Man müsste nur alles noch mehr verschärfen. Dann wird alles gut! Wir geben Dir Unterhaltung, tolle schöne Musik und Shows im Fernsehen. Die heile Welt! Das wollen wir wieder! Noch ein bisschen durchhalten, dann kannst Du wieder deine Eltern in die Arme nehmen. Nur noch ein bisschen, danke Dir, dass du das machst.

Im Fernsehen werden dann Demos von Menschen gezeigt, die durch diese Demos verhindern, dass alles wieder gut wird. Es sind ja nur Rechte, Covid-Idioten und Eckig-Denker. Eine Minderheit, ein Krebsgeschwür, die den gesunden Organismus bedrohen. Diese Menschen glauben, für die Wahrheit zu kämpfen, doch sie irren, sie sind alle irre.

Diese Menschen sind dafür verantwortlich, dass es nicht besser wird, dass man nicht endlich wieder in den Urlaub reisen kann, um zu entspannen. Diese Menschen sind fehlgeleitet und bedrohen sogar damit das eigene Leben!

Eckig-Denker wirken wirklich nicht glücklich mit dem, was sie denken. Sie strahlen nur Hass, Widerstand, Zweifel und Ärger aus. Wo ist da die Liebe? Vertrauen? Sie fühlen sich nicht gerade wie die Heilsbringer an. Ist es nicht so, dass man eher das Gefühl hat, in das Gesicht eines unglaublich zerrissenen und leidenden Menschen zu schauen? Einem Menschen voller

Angst und voller Misstrauen. Dabei ist in einem Jahr alles wieder gut.

Am besten wäre so ein Mensch in einer Anstalt aufgehoben, wo er sich selbst oder andere nicht mehr gefährden kann. Man muss ihn vor sich selbst schützen. Er schimpft an den Politikern herum, ohne auch nur eine Ahnung zu haben, wie schwierig ihre Aufgabe ist und wie mühsam es ist, das Wohl des Volkes und all der unterschiedlichen Gruppen, die dazugehören, zu sichern. Er sieht auch nicht, wie viel Gutes die Politiker schon erreicht haben. Dank ihm wird es nie eine Besserung geben.

Solch ein Mensch will ich niemals werden!

"Solange Du dem anderen sein Anderssein noch nicht verziehen hast, bist Du noch weit entfernt vom Pfade der Weisheit."

Christian Friedrich Hebbel

Das Überleben...

Wie um alles in der Welt kann man den Eckig-Denkern oder Rund-Denkern einen Vorwurf machen, weil sie nicht anders denken? Wie könnte man glauben, dass sich durch einen Fakt, den die andere Seite präsentiert, der ganze Mensch ändert?

Dass ein Rund-Denker bereit ist, alles infrage zu stellen und alles aufzugeben, wäre ein Wunder. Alles loslassen für die Verlockung, dann auch ein böser Eckig-Denker zu sein, den nur Hass und Einsamkeit erwartet und in dessen Welt womöglich nicht länger das Licht der Hoffnung brennt, das wir zum Überleben noch mehr brauchen, als diese oder jene Sichtweise?

Oder wer könnte den Eckig-Denkern übel nehmen, dass sie nicht wieder in den Schlaf des Vergessens zurück wollen, nur damit die Mächtigen gewonnen haben? Mit dieser furchtbaren Aussicht - die komplette Hypnose, immer mehr Regulierungen, die Trennung der Bevölkerung in lauter einsame Zellen, die der wachsenden Herrschaft der Mächtigen schutzlos ausgeliefert sind, weil sie verlernt haben, gemeinsam für ihre Menschlichkeit und ihre Lebensrechte einzutreten.

Die Frage ist also: Was verbirgt sich hinter den fixen Sichtweisen? Sind sie wirklich notwendig für unser Überleben? Sind sie wirklich notwendig, um zu wachsen oder ein glückliches Leben führen zu können? Sind sie hilfreich?

Nun kommen wir an einen schwierigen Punkt, da ja alles

in Dir schreit (unabhängig davon, welche Seite Du wie stark vertrittst): "*Ja, sie sind notwendig zum Überleben und ich brauche sie, damit ich glücklich werde!*" Also muss ich lauter sein als dieses Schreien, oder einen kleinen geheimen Zugang finden, der leise in Dein Herz führt. Keine Angst, ich schenke Dir nichts Gruseliges und Du wirst nichts verlieren, was Dich glücklich macht.

Wenn Du am Tage deines Todes noch etwas Zeit hast, was sind die wichtigen Dinge, an die Du denkst? Die Du noch erledigen willst? Wirklich noch Aktien kaufen oder verkaufen? Noch etwas Tolles besitzen? Auf eine Demo gehen? Sich die Bankkonten anschauen, wie viel man erreicht hat? Irgendjemanden davon überzeugen, dass irgendjemand böse und überhaupt nicht liebenswert ist? Irgendjemanden davon überzeugen, dass das Leben gefährlich ist?

Oder tatsächlich in die Augen eines Menschen schauen, den Du liebst? Deine Kinder nochmal umarmen? Jemandem vergeben? All Deine Fehler bereuen, die nur aufgrund von Geiz, Habgier und Enge begangen wurden? Jemanden im Herzen zu berühren, oder zu ermutigen, sein Herz und all die seligen Wünsche, Träume, Gefühle, Hoffnungen und Schmerzen zu genießen?

Ich denke, es ist der Weg der Lebendigkeit, der sich Dir ungeschminkt zeigen wird: Wie sehr bist Du ihn gegangen und wie sehr hast Du Dich ihm verweigert? Wie sehr hast Du über alle Panzer, Widerstände, Schutzschichten und Gefahren hinweg geliebt?

„Das einzig Wichtige im Leben sind die Spuren von Liebe, die wir hinterlassen, wenn wir weggehen."

Albert Schweitzer

Wie verletzlich hast Du Dich gemacht? Hast Du Dein Herz im Leben weiter geöffnet, wurdest Du geliebt? Bist Du weicher, offener und liebevoller geworden? Hast Du Risiken in Kauf genommen, um Deine Gefühle zu leben? Konntest Du die vielen Bedingungen für den Erhalt Deiner Liebe ein bisschen in Bedingungslosigkeit verwandeln? Es geht nur um Deine gelebte Lebendigkeit. Das wirst Du spüren, wenn Dein letztes Stündchen bevorsteht und Du ohne Grund zu Lügen auf Dein Leben zurückblickst. Wie sehr hast Du Dein Leben ausgefüllt und wie sehr kannst Du in Frieden sterben. Es geht nicht darum, wie lange Du überlebt hast oder wie oft Du glücklich warst. Es wird darum gehen, wie sehr Du Deine Liebe verschenkt hast und damit andere glücklich gemacht hast. Wie oft Du sie zurückgehalten hast und wie es wohl gewesen wäre, wenn Du Dich getraut hättest!

„Glück ist das einzige, was wir anderen geben können, ohne es selbst zu haben."

Carmen Sylva

Ist der Weg, an Sichtweisen festzuhalten, andere zu verurteilen, die nicht das Gleiche denken, diese sogar zu bestrafen und aus meinem Herzen zu verbannen, wirklich das, was mich oder sie in unseren Herzen reich, glücklich und lebendig macht?

„Das Geheimnis des Glücks liegt nicht im Besitz, sondern im Geben. Wer andere glücklich macht, wird glücklich.“

André Gide

Es geht nicht darum, keine Sichtweisen mehr zu haben, denn die gehören zum Menschsein dazu. Es geht mir vielmehr darum, sie nicht mehr mit aller Gewalt zu verteidigen und anderen aufzwingen zu wollen. Es geht darum, anderen zuzugestehen, dass sie Gründe haben, die Welt anders zu sehen und dass sie das auch dürfen. Dass es uns wichtiger ist, uns in der Tiefe unseres Wesens mit allen als Verbündete zu erleben, die sich nach nichts mehr sehnen, als einem kleinen oder großen Paradies, Erlösung, Frieden, Gerechtigkeit, Freundschaft, Gemeinschaft, Liebe. Es geht darum, Sichtweisen, die bis jetzt das Maß aller Dinge waren, nicht mehr über das Mitfühlen zu stellen.

Welch eine Gelegenheit ist dadurch unsere aufwühlende Zeit, das ganze Spiel der Sichtweisen wirklich einmal zu hinterfragen, hinein in die innere Tiefe zu gehen und zu erforschen, was wirklich wichtig ist.

Ist es wirklich so, dass Deine Sichtweise die Erlösung beinhaltet? Verstehe mich nicht falsch, ich möchte sie nicht infrage stellen, denn wenn ich das tue, wirst Du mich am liebsten auslöschen wollen, da ich Dein Überleben gefährde und das Deiner Liebsten.

Daher nur eine Frage: Kannst Du Dir sicher sein, dass die

Sichtweise der Dinge, die Du hast, Dich wirklich an Dein Ziel bringt, das Leben zu leben, welches in Dir sehnsuchtsvoll erfüllt werden will?

Kennst Du diese kleine Geschichte?

In einem Dorf in China, nicht ganz klein, aber auch nicht groß, lebte ein Bauer – nicht arm, aber auch nicht reich, nicht sehr alt, aber auch nicht mehr jung. Er besaß ein Pferd. Und da er der einzige Bauer im Dorf war, der ein Pferd hatte, sagten die Leute im Dorf: "Oh, so ein schönes Pferd, hat der ein Glück!"

Und der Bauer antwortete: „Wer weiß?"

Eines Tages, eines ganz normalen Tages, keiner weiß weshalb, brach das Pferd des Bauern aus seiner Koppel aus und lief weg. Der Bauer sah es noch davon galoppieren, aber er konnte es nicht mehr einfangen. Am Abend standen die Leute des Dorfes am Zaun der leeren Koppel, manche grinsten ein bisschen schadenfroh und sagten: "Oh der arme Bauer, jetzt ist sein einziges Pferd weggelaufen. Jetzt hat er kein Pferd mehr, der Arme!"

Der Bauer hörte das wohl und murmelte nur: "Wer weiß?"

Ein paar Tage später sah man morgens auf der Koppel des Bauern das schöne Pferd, wie es mit einer wilden Stute im Spiel hin und her jagte: Sie war ihm aus den Bergen gefolgt. Groß war der Neid der Nachbarn, die sagten: "Oh, was hat der doch für ein Glück, der Bauer!"

Aber der Bauer sagte nur: "Wer weiß?"

Eines schönen Tages im Sommer dann stieg der einzige Sohn des Bauern auf das Pferd, um es zu reiten. Schnell war er nicht mehr alleine, das halbe Dorf schaute zu, wie er stolz auf dem schönen Pferd ritt. "Ahh, wie hat der es gut!"

Aber plötzlich schreckte das Pferd, bäumte sich auf und der Sohn, der einzige Sohn des Bauern, fiel hinunter und brach sich das Bein mehrfach bis zur Hüfte. Und die Nachbarn schrien auf und sagten: "Oh, der arme Bauer: Sein einziger Sohn!

Ob er jemals wieder wird richtig gehen können? So ein Pech!"

Aber der Bauer sagte nur: "Wer weiß?"

Einige Zeit später schreckte das ganze Dorf aus dem Schlaf, als gegen Morgen ein wildes Getrappel durch die Straßen lief. Die Soldaten des Herrschers kamen in das Dorf geritten und holten alle Jungen und Männer aus dem Bett, um sie mitzunehmen in den Krieg. Der Sohn des Bauern konnte nicht mitgehen. Und so mancher saß daheim und sagte: "Was hat der für ein Glück!"

Aber der Bauer murmelte nur: "Wer weiß?"

An alle Eckig-Denker:

Ja, Du hast es durchschaut! Es war schmerzhaft, doch Du hast erkannt, dass das Virus nicht wirklich gefährlicher ist als eine normale Grippe. Es gibt sogar keine Viren! Doch dann kommt noch jemand zu Dir, der sagt: "Ah ja, aber kennst Du das mit den Türmen 9/11? Das ist auch eine Lüge. Sie wurden nicht von Terroristen in die Luft gesprengt, sondern von der eigenen Regierung!"

Nein, das kann nicht sein. Soll uns nun auch dieses Festhalten an der Wahrheit genommen werden? Dann kommt jemand und sagt: "Wir waren nie auf dem Mond. Das ist alles ein Trick gewesen."

Und wieder werden wir erschüttert. Ja, Kinder werden entführt und ihr Blut getrunken. Nein, das will ich nicht hören, so böse kann die Menschheit nicht sein. Dann kommt jemand und sagt, die Erde ist eine Scheibe! Oh Gott, wenn das andere wahr war, dann könnte das ja auch wahr sein. In der Erde leben Echsen, die uns kontrollieren. Arghh, nein, also das ist nun wirklich eine Verschwörungstheorie, das kann nicht sein!

Trump ist ein Engel, der den Deep State vernichten will! Wirklich? Aber ich war doch immer Trump Gegner! Wann soll es passieren? Bald, nur noch ein paar Tage. Nach diesen Tagen bald, nur noch ein paar Tage, bald nur noch ein paar Tage, bald nur noch ein paar Tage… jetzt ist es so weit! Ach, doch nicht, alles gehört zum Plan, auch das Scheitern. Aber bald ist es so weit …ich kann nicht mehr, dieses Hoffen und Bangen. Halte noch ein bisschen durch! Jaaa, dann haben wir es geschafft. Halte durch.

Oh, das ist ja wie die Kanzlerin, die sagt, nur noch ein bisschen durchhalten, ein bisschen noch, dann wird alles gut …

Trump und Merkel Arm in Arm, sie singen und tanzen - nur ein bisschen noch, dann wird alles gut ..

Und dann der Hammer: Die Eckig-Denker, die nur noch Abweisung und Einsamkeit kannten, fühlen sich endlich wieder einer Gruppe zugehörig, endlich sind sie mit Gleichgesinnten zusammen. Sie sind nicht mehr allein!

Dann passiert es: der Tanz hört auf. Trump ist scheinbar geschlagen, Biden hat gewonnen. Es gibt doch keinen Retter. Diese Sichtweise ist auch falsch gewesen. Der Schmerz ist wieder da! Alles bricht wieder in sich zusammen. Die Gruppe, die einem Halt und Geborgenheit gegeben hat, wendet sich nun gegen sich selbst. In der Gruppe beschuldigt man sich gegenseitig, dass man „balla balla" ist.

Biden ist Präsident! Doch nicht Trump! Es gab keine Verhaftungen. Q ist doch nur installiert vom Deep State, um den Menschen Hoffnung zu geben, sodass sie nicht selber aktiv werden.

Was, Du glaubst noch an Q? Du bist ja ein echter Eckig-Denker. Nicht so wie ich, der wirklich weiß, was wahr ist. Q ist falsch!

Unter den Eckig-Denkern bricht Krieg aus. Jeder verurteilt den anderen, ein noch größerer Depp zu sein: Hass, Wut, Schmerz.

Und schon wird wieder an der eigenen Sichtweisen festgehalten, obwohl man ja schon einmal erkannt hat, das Sichtweisen ja wirklich nur vorübergehende Phänomene sind. Nun passiert es unter den Eckig-Denker, dass sie untereinander genau das machen, was sie den Rund-Denkern vorwerfen. Diese lassen keine neue Sichtweisen zu und verurteilen alles, was gegen ihre eigene geht.

Die Aufgewachten Eckig-Denker gehen sich an den Kragen und spalten ihre eigene Gruppe, indem sie sich gegenseitig vorwerfen, z.B. nur noch geldgeil zu sein. Eckig-Denker bringen Bücher raus! Also nein, mit denen wollen wir nichts zu tun haben. Es findet eine Spaltung statt, genau wie vorher. Man setzt einfach die alte Fahrt fort und wundert sich, dass sich nichts ändert.

Es kann sich nichts ändern, weil man das alte Grundproblem mitgenommen hat und nicht infrage stellt. Dann wendet man sich frustriert von der alten Gruppe ab. Schnell schnell, eine neue Gruppe muss her, die auch meine Sichtweise teilt!

Vielleicht diese Gruppe? Der Deep State entpuppt sich doch als "die Guten" und vielleicht entpuppt sich der größte Heilsversprecher als Scharlatan … Und vielleicht sind wir doch alle nur ein Experiment von den Echsen aus dem Innern der Erde. Und vielleicht sind auch Aliens dafür verantwortlich, dass wir als Experiment eingesetzt sind, und vielleicht sind wir auch in einer Matrix und wir liegen nur in Behältern und träumen von dieser Welt? Und vielleicht sind wir schon tot und dies hier ist der Himmel? Oder ist es ein Computerspiel? Und wir haben vergessen, dass wir spielen? Oder bist Du ein Engel, der die Erfahrung vom Menschsein machen will?

"Nichts schmerzt so sehr, wie fehlgeschlagene Erwartungen, aber gewiss wird auch durch nichts ein zum Nachdenken fähiger Geist so lebhaft wie durch sie erweckt."

Benjamin Franklin

Spürst Du auch den Schmerz, wenn jemand zu Dir kommt, um Dir noch eine wahnsinnige Geschichte aufzutischen?

Spürst Du auch den Widerstand, es zu glauben und die Hoffnung, dass das nicht sein kann?

Der erste Impuls ist eigentlich, sich die Ohren zuzuhalten. Man will in seiner Welt bleiben, in der alles gut ist. Das soll doch nicht erschüttert werden. Bitte nicht noch eine Enttäuschung mehr! Es bleibt eine Sehnsucht nach Einfachheit, nach Geborgenheit, nach der Mama, die einem über den Kopf streichelt und sagt, dass alles gut wird.

Das Aufwachen hört nie auf, und das Festhalten auch nicht. Immer wieder wird einem alle Sicherheit genommen werden. Immer wieder kommen Frust, Zweifel, Wut und Schmerz.

Doch das ist gut so! Es macht uns mürbe, bis wir so mürbe sind, dass wir irgendwann loslassen müssen. Wir wissen es einfach nicht. Wir kennen den tiefsten Boden der Wahrheit nicht, sondern entdecken das Leben jeden Tag neu.

Selbst wenn es Pläne gibt, ändern auch die Planenden immer, die Menschen, die zu ihrem Plan gehören und überhaupt alles ist in stetem Wandel. Vielleicht siegt die Liebe, vielleicht geht alles kaputt. Plötzlich sind wir total entspannt. Wir können nicht mehr aufwachen. Wir können uns nicht mehr über die Schlafenden stellen. Unser Ego wird nicht mehr davon ernährt, dass es fanatisch an dieses oder jenes glaubt.

Es gibt auf. Der ewige schmerzhafte Prozess der Enttäuschung hört auf. Kein Festklammern an Illusionen, keine Suche nach Wasser in einer Fata Morgana mehr.

"Sicher ist, dass nichts sicher ist. Selbst das nicht."

Joachim Ringelnatz

An alle Rund-Denker:

Du hast eine sichere Sichtweise. Die Mehrheit teilt Deine Sicht. Und nun kommt jemand daher, der sagt, dass die Corona-Maßnahmen etwas übertrieben sind. Es ist ein kleiner kritischer Gedanke.

Damit Deine Weltordnung nicht zusammenbricht, musst Du diesem Menschen unterstellen, ein Eckig-Denker zu sein. Und, wenn er einer ist, dann glaubt er auch, dass Echsen in der Erde leben und die Erde eine flache Scheibe ist. Alle noch so abstrusen Theorien werden dem Menschen unterstellt, dass er diese auch für möglich hält, obwohl er vielleicht noch nie davon gehört hat.

Wenn also dieser Eckig-Denker wahrscheinlich sogar daran glaubt, dass Aliens unter uns leben und die Weltherrschaft an sich reißen wollen, dann ist er per se einfach unglaubwürdig. Egal was es für Beweise oder Argumente gibt.

Welch wunderbare Rechtfertigung, um diesen einen kritischen Gedanken, dass die Corona-Maßnahmen etwas übertrieben sind, nicht mehr anschauen zu müssen. Dieser Mensch wird nicht mehr ernst genommen, er ist verrückt, nicht mehr klar im Kopf. Eine wunderbare Ausrede, um die eigene Sichtweise nicht infrage zu stellen. Und das alles nur, weil jemand eine andere Meinung hat als die meisten. Die eigene Sichtweise darf keinen Sprung bekommen, sie darf nicht in sich zusammenfallen.

Beweislosigkeit

Jede Sichtweise, die es gibt, sorgt sehr gut für sich selbst. Sie ist wie ein eigenständiges Wesen, das um jeden Preis überleben will. Daher haben Sichtweisen in sich eine Überlebens-Mechanik eingebaut. Diese Mechanik sorgt dafür, dass die Sichtweisen sich selbst den Beweis liefern, dass sie richtig sind. Es ist ein geschlossener Kreislauf in sich, der sich selbst ständig auf die Schultern klopft, wie wahr es doch ist.

Zwei bekannte Neurowissenschaftler haben Erstaunliches herausgefunden:

„Die linke Gehirnhälfte des Menschen neigt dazu, verbale Geschichten zu erfinden, die nicht unbedingt der Wahrheit entsprechen."

Antonio Damasio

„Die linke Gehirnhälfte spinnt ihre Geschichte, um sich selbst und sie zu überzeugen, dass sie alles unter Kontrolle hat."

Michael Gazzaniga

Das Gehirn versucht, die eigene persönliche Geschichte als Sichtweise zu einem einheitlichen Ganzen zu gestalten. Zu diesem Zweck müssen wir lernen, uns selbst ständig anzulügen, um diese Geschichte am Leben zu erhalten. Eine Lüge, die auf keinen Fall durchschaut werden darf. Denn sonst müsste das gesamte Lügengebäude in sich zusammenfallen. Und was wäre dann?

Einen schönen Vergleich gibt es in der Physik.

Viele Jahrzehnte wurde sich darum gestritten, ob das Licht aus Teilchen oder aus Wellen besteht. Die Physiker, die Experimente durchführten, um zu beweisen, dass das Licht aus Teilchen besteht, kamen tatsächlich auch zu diesem Ergebnis.

Diejenigen, die die Sichtweise vertraten, dass es aus Wellen besteht, bauten ihre Schlussfolgerungen und Nachweise aus dieser Sicht auf und fanden heraus, dass das Licht aus Wellen besteht.

Wer hat Recht? Jeder ist überzeugt, dass er richtig liegt, was man ja anhand der Ergebnisse aus den wissenschaftlichen Experimenten entnehmen kann.

Nun hat die Quantenmechanik herausgefunden, dass das Licht aus Teilchen und Wellen besteht. Ein Paradoxon. Der einzige Unterschied besteht darin, mit welchem Grundlagenwissen Du das gleiche Phänomen betrachtest. Es wird Dir immer die Beweise Deiner eigenen Sichtweise liefern, die Du schon hast.

Ein weiteres Beispiel aus dem Alltag:

Ein Mensch z. B., der die Sichtweise hat, dass er immer nur auf rote Ampeln trifft, wird dieses auch so erleben, obwohl vielleicht 60 % von den Ampeln doch grün waren. Dieses wird einfach ausgeblendet und jede rote Ampel, auch wenn es nur jede dritte ist, wäre ein Beweis dafür, dass seine Sichtweise richtig ist.

Wenn Du die Sichtweise hast, dass Corona gefährlich ist und dass wir uns alle schützen müssen, wirst Du ständig Beweise dafür finden. Weil alles andere, das darauf hinweist, dass es nicht so ist, einfach ausgeblendet wird. Genauso ist es anders herum: Wenn Du glaubst, dass die Regierung ein böses Spiel mit Dir treibt, so wirst Du ständig Beweise dafür finden. Sichtweisen sind so mächtig, dass sie die Realität zu ihren Gunsten verzerren. Daher ist es so schwierig, das zu durchschauen. Es ist dieselbe Welt und doch lebt jeder in einer anderen Trance, in einer anderen Welt.

Du hast die Sichtweise, dass die Welt ein ungefährlicher Ort ist und schon bist Du irgendwie immer ein paar Minuten, bevor etwas Gewalttätiges passiert, zufällig nicht mehr dort. Die Schlägerei auf der Party hast Du einfach nicht mitbekommen. Andere, die Gewalt suchen, verstricken sich ständig in Schlägereien und sind auch genau immer am richtigen Ort, wo etwas passiert. Sie sind auch voller innerer Spannungen, die genau solche Menschen anziehen, die dieselben Spannungen haben und andersherum. Die ganze Welt wird passend gemacht! Die Realität wird verbogen!

Manche Sichtweisen sind sogar so hartnäckig, dass sie auch ihren Wirt dafür sterben lassen würden, nur um zu beweisen, dass sie richtig sind. Wenn Du das nicht glaubst, schau Dir mal Selbstmordattentäter an. Sogar sterben würde man für seine Sichtweise. Daher ist dieser Riss in der Realität so wunderhaft.

Ein Realitäts-Riss in einer Sichtweise ist wahre Magie. Dort kann etwas Neues hinein sickern, etwas, was keinen Beweis braucht und doch da ist.

Daher ist es so wichtig, Sichtweisen einfach nur als Sichtweisen zu entlarven und nicht mehr auf ihre Illusion der Beweise zu hören. Wenn Du ein Wunder erleben willst, dann laufe Deinen Sichtweisen nicht mehr hinterher und lass Dich nicht mehr von ihnen einkerkern. Dadurch werden sie es auch nicht mehr schaffen, ihre Richtigkeit am Leben zu erhalten, durch Beweisführung des Erlebens zur Sichtweise hin.

Wenn Du also aus der Schlinge der Sichtweisen erwachen willst, damit sie keinen Grund mehr haben, sich ständig in Deinem Leben manifestieren zu müssen, musst Du erkennen, dass Du allem, was Du bisher erlebt hast und jetzt gerade erlebst, nur Bedeutung durch Deine Sichtweisen gegeben hast. Was das Erlebte aber wirklich ist, kannst Du nicht wissen, kannst Du nicht deuten. Es ist kein Beweis für irgendetwas, sondern erscheint einfach gerade im Spiel der Existenz. Dann bist Du frei, dem Erlebten eine Bedeutung zu geben, die über das Erscheinen der materiellen Welt hinausgeht. Ansonsten siehst Du immer nur das, was Du eh schon glaubst. Denn sonst könnte ja Unordnung entstehen – und Unordnung bedeutet Kontrollverlust.

„Auch aus Steinen, die einem in den Weg gelegt werden, kann man Schönes bauen.“

Johann Wolfgang von Goethe

Kontrolle

Darum geht es eigentlich, um Kontrolle. Man glaubt, durch die eigenen Sichtweisen das Leben kontrollieren zu können... Gefahren aus dem Weg zu gehen, länger zu leben, nicht krank zu werden. Kontrolle zu erlangen! Das ist das oberste Ziel, damit einen nichts mehr überraschen und verletzten kann, damit nichts mehr einem Schmerzen zufügen kann.

Genau das ist das Ziel der Politik! Und es ist auch Dein Ziel! Kontrolle zu haben über das Chaos des Lebens, denn leben bedeutet stetige Veränderung.

"Wir haben Angst vor Veränderung, weil die erste Veränderung die Trennung war."

Ein Kurs in Wundern

Letztendlich bedeutet Kontrolle über das Leben für die Menschen auch Kontrolle über den Tod. Immer schon träumen wir Menschen vom ewigen Leben. Vielleicht weil unsere Seele weiß, dass es wahr ist. Vielleicht, weil es sonst so trostlos wäre. Das Auslöschen des eigenen Lebens (und das heißt meistens des eigenen Körpers), darf auf jeden Fall nicht sein. Es darf nur sein, wenn ich die Erlaubnis gebe, aber niemals einfach chaotisch und spontan. Nur wenn ich es will.

"Haben wir einmal damit aufgehört, Kontrolle als Mittel zur Erreichung unserer Ziele einzusetzen, findet eine mirakulöse Wandlung in unserem Leben statt. Der universellen Kraft die Leitung zu überlassen, ist gleichbedeutend damit, dem Geheimnis Einzug in unser Leben zu gewähren und sich wieder wahrhaft lebendig zu fühlen."

Die Erkenntnisse von Celestine

Wir haben alle ein gemeinsames Ziel in uns. Jeder will sich sicher und geborgen fühlen. Wir versuchen es durch immer mehr Kontrolle zu erreichen. Doch gerade diese Kontrollsucht hält uns davon ab, wirklich zu leben und unser eigentliches Ziel zu erreichen, nämlich nicht nur, den Tod zu besiegen, sondern es geht weit darüber hinaus. Es heißt Erlösung oder Paradies. Es ist das volle Eingebettetsein in eine liebende Umwelt und ein offenes Herz, das hemmungslos alle Gefühle und Liebe fließen lassen kann.

Dieses Ziel erreichen wir schließlich dadurch, dass wir unsere eigene Liebesfähigkeit entwickeln. In seinem Kampf gegen die Unberechenbarkeit des Todes erhebt sich der Mensch in seinem Größenwahn über den Kreislauf des Lebens. Doch diesen Kampf kann er nur verlieren. Denn er legt sich mit dem Leben an sich an, auch wenn er es vielleicht schafft, ein paar Jahre rauszuholen, so kann er diese Macht nicht besiegen. Vielleicht wird der Tod des Körpers etwas hinausgezögert, doch wenn das Herz dabei stirbt, werden keine Engel jubeln. Kein Gott wird sich die Hände reiben und dem Menschen gratulieren. Auch keine Engel in der eigenen Seele/Psyche.

Aber wenn man liebesfähiger werden möchte, hat man das

Leben auf seiner Seite. Da atmet das Göttliche durch uns hindurch und unterstützt uns auf allen Ebenen. Die Liebe die erfahren wird, wird niemals sterben. Das ist dann die wahre Unsterblichkeit. Alles, was Deine Liebe berührt, fühlt sich heilig an. Da gibt es dann Standing Ovations von den ganzen Engelscharen, die Dich feiern.

"Die Meister sehen die Dinge, wie sie sind, versuchen jedoch nicht, sie zu kontrollieren. Sie lassen sie ihren eigenen Weg gehen und wohnen im Mittelpunkt des Kreises."

Laotse

Denn Liebe und Leben kann nur da gedeihen, wo die Kontrolle losgelassen wird.

Ein praktisches Beispiel:

In den Niederlanden gibt es ein Städtchen, in dem es viele Verkehrstote gab. Um das in den Griff zu bekommen, erließen sie immer mehr Regeln, stellten immer mehr Schilder auf, verhängten immer mehr Verbote. Aber: Es starben nur immer noch mehr Menschen im Verkehr!

Dann hatte jemand die Idee, alle Schilder wegzunehmen und alle Verbote aufzuheben. Die Stadt sogar so umzubauen, dass man nicht weiß, ob man auf der Straße geht oder auf einem Fußgängerweg. Und alle Ampeln zu entfernen.

Gesagt getan, und tatsächlich: Auf einmal sind die Menschen bewusster gefahren, sie haben selber geschaut und auf ihre Umgebung geachtet, sich nicht mehr auf die Schilder und

Regeln verlassen. Sie haben einfach wahrgenommen und reagiert. Die Zahl der Verkehrstoten ging fast bis auf null herunter.

Drachten: Die 44000 Einwohner zählende Stadt in den Niederlanden schaffte mit "Shared Space" 2001 alle Ampeln und Verkehrsschilder in der City ab und führte Tempo 30 ein. Drastisch sinkende Unfallzahlen sind die Folge.

Wer hatte den Mut, trotz steigender Verkehrstoten, trotz all der Menschen, die schrien: "Wir brauchen mehr Regeln und mehr Verbote!", einen Weg in die komplett andere Richtung einzuschlagen? Einen Weg, der alle vermeintliche Sicherheit erst einmal wegnimmt. Alles wird wieder auf den einzelnen Menschen zurückgeworfen, der selbst entscheiden muss. Anstatt sich von einer Regel zur nächsten zu hangeln und das Kind zu übersehen, das über die Straße läuft, weil man mit drei Verkehrsschildern beschäftigt war.

Wer hatte den Mut, einen anderen Weg zu gehen? Den Weg des Vertrauens in die Menschen? Und das musste für eine ganze Stadt entschieden werden. Wie viel einfacher ist es dagegen, nur für Dich zu entscheiden? Alle Regeln und Verbote, die Du Dir selbst zum Leben aufgestellt hast, fallen zu lassen? Finden sich dahinter wirklich das Monster und das Chaos, von denen Du glaubst, dass sie da lauern? Wird die Gefahr dann wirklich größer?

Oder ist es etwas anderes? Etwas Friedliches, Liebevolles, das sich endlich zeigen darf? Vielleicht ist es etwas, wonach Du eigentlich Sehnsucht hast, das, was Du schon einmal erfahren hast, als Du klein warst, als Du noch nicht dachtest, dass Du die Kontrolle haben musst über das Leben. Als alles ein Fließen in die Gegenwärtigkeit war, voller Wärme und Vertrauen.

„Es ist leicht, in der Welt zu leben, nach der Meinung der Welt; es ist leicht, nach der eigenen zu leben in der Einsamkeit; aber der große Mensch ist der, der mit perfekter Süße mitten in der Menge die Unabhängigkeit der Einsamkeit bewahrt."

Ralph Waldo Emerson

Es ist schon immer viel Übles passiert auf der Welt und immer schon gab es mächtige Gestalten, die es nicht unbedingt gut mit uns meinten, sondern lieber nur an sich dachten, um noch mächtiger zu werden. Wahrscheinlich gab es schon immer Versuche, eine Kontrolle aufrechtzuerhalten, um nicht von einem befürchteten Chaos überrollt zu werden.

Vielleicht gibt es Verschwörungen und gab sie immer, seit Jahrhunderten. Wie umfassend, tief greifend, bewusst manipulativ oder böse, sei jetzt mal dahingestellt. Doch es gab immer schon Absprachen und geheime Agendas von Gruppen, die als Ziel nicht das Wohl der Masse im Sinn hatten - oder zumindest nicht so, wie andere es sehen würden. Ob finstere Pläne wirklich die Macht haben, die sie gerne hätten, ob sie wirklich jemals an ihr scheinbar dunkles Ziel gelangen können, steht dabei auch noch infrage, denn bisher haben wir alle überlebt. Doch es gibt heute einen großen Unterschied zu damals: Wir haben Medien wie das Internet und das Fernsehen.

Heutzutage ist alles anders. Jeder kann seine Meinung sagen und andere daran teilhaben lassen. Auf einmal wird der Horizont erweitert. Es ist nicht nur das für das eigene Interesse verfügbar, was wirklich unmittelbar um einen herum passiert, sondern Abstraktes und Fernes wird in das eigene Erleben mit hinein genommen - das, was in Amerika passiert, auf dem Mars … Die Krankenschwester in einem YouTube-Kanal, die vielleicht an einer Impfung stirbt.

Unser Leben wird bombardiert mit Möglichkeiten und Wahrscheinlichkeiten, die uns vielleicht niemals selbst betreffen werden. Und dennoch prägen sie unser Weltbild, unseren Glauben an die Wirklichkeit und schaffen weitere Sichtweisen, mit denen wir uns ja schon ausführlich beschäftigt haben. Diese Glaubenssätze und Sichtweisen sind dadurch, dass sie sich auf so ferne Fakten stützen, manchmal noch tückischer, weil sie nicht einfach widerlegt werden können und sich aus Quellen nähren, die weit jenseits unseres Einflussbereiches liegen.

Daher ist es elementar wichtig für uns, mit unserer Aufmerksamkeit erst einmal wieder zu unserem eigenen unmittelbaren Umfeld zurückzukommen. Das, was unmittelbar durch die fünf Sinne wahrgenommen wird. Denn unser Gehirn unterscheidet nicht so differenziert, wie wir denken. Der Stress ist real, selbst wenn er von einem Waldbrand ausgelöst wird, der Tausende Kilometer weit weg ist. Dein Körper ist in Deiner Wirklichkeit jetzt im Moment aber sicher. So bedrohlich der Zustand der Welt ist, es nutzt jetzt niemandem, wenn Du Dich von all dem Übel zerreiben lässt, als ob Du mitten in diesem brennenden Wald stündest.

Oder ein anderes Beispiel:

"Du triffst einen Menschen, der zu einer Gruppe gehört, die Du fürchterlich findest. Vielleicht weil Du Angst hast, selbst so ein Mensch zu werden - sei es ein obdachloser Bettler, der Dich daran erinnert, dass man alles verlieren kann, ein aggressiver Schreihals, ein Punk oder ein Nazi. In Dir verhärtet sich etwas und vereist. Du denkst Dir, wie schlimm dieser Mensch ist und was er uns allen antut mit seinem sinnlosen Protest, seinen falschen Werten, seiner Weigerung, Verantwortung zu übernehmen.

Dein Herz zittert. Du gehst nach Hause, hast den Menschen schon lange hinter Dir gelassen, aber in Deinem Herzen sitzt nun immer noch dieser kleine Eisstachel. Und wenn Du zu Deiner Liebsten kommst, ist er immer noch da. Was ist da passiert? Du bist zu Hause, in Deiner kleinen heilen Welt. Du triffst jemanden, den Du eigentlich liebst, der sich nach Deiner Wärme sehnt und dem Du Deine Wärme schenken willst, aber Dein Herz ist immer noch, fast unmerklich, ein bisschen verschlossen. Und keiner hat etwas davon. Und den Unhold juckt es auch nicht."

Was wäre, wenn diese Sichtweisen als das gesehen werden, was sie sind? Einfach eine Sichtweise der Dinge, die genauso falsch sein könnte: Der Bettler ist selber schuld an seinem Leid. Er ist ein Aussätziger, der die Gesellschaft bedroht, der die Ordnung infrage stellt.

Wenn diese Ansicht für einen Moment zur Seite geschoben wird ...

... dann gehst Du an dem Bettler vorbei und es können Gefühle entstehen; Impulse, die genau zu diesem Menschen passen. Vielleicht Mitgefühl, vielleicht Liebe, vielleicht gibst Du ihm Dein ganzes Geld, weil Du Dich dadurch selbst beschenkst. Oder Du fängst an zu weinen, vielleicht schreist Du ihn auch an, dass er endlich mal sich nicht als Opfer sehen und sein Leben in die Hand nehmen soll ...

Egal wie Deine Reaktion ohne die vorgeschobene Sichtweise ist, die sich über Dein Herz und Deinen unmittelbaren Ausdruck gelegt hat, Du bist dann wieder im Leben. Nimmst wahr und reagierst spontan … Endlich! Du hast aufgehört gegen den Wind zu kämpfen. Du reitest den Wind! Denn Dein Herz hat sich geweitet und ist freier geworden. Es gibt keine Sichtweise mehr, die sich zwischen euch geschaltet hat. Es ist nur noch das Wahrnehmen da, das gegenwärtige Reagieren.

„Immer, wenn man die Meinung der Mehrheit teilt, ist es Zeit, inne zu halten und sich zu besinnen."

Mark Twain

Wahrhaftigkeit

Du spürst es auch! Alles ist im Wandel. Manche Menschen sagen sogar, dass es gut ist, dass es das Virus und die ganzen Maßnahmen gibt, da dadurch etwas ganz Neues sichtbar wird. Die Wertigkeiten des Lebens haben sich verschoben. Die ganze Aufmerksamkeit, die sonst aufs Arbeiten und den Konsum gerichtet war, wurde aufgeweicht. Auf einmal entsteht wieder Sehnsucht nach Wärme und Menschlichkeit, nach dem Lächeln einer Verkäuferin. Auf einmal hat man Zeit, mit seinen Kindern zu spielen, ihnen zuzuhören. Man hat Zeit, nichts zu tun, einfach nur da zu sein. Man wird konfrontiert mit der eigenen Zeit: Wie nutzt man sie, was zeigt sich in der Stille? Wie sehr genießt man es, in der Natur zu sein, die Bäume zu sehen, auf dem Rasen zu liegen, spazieren zu gehen. Auf einmal wird ein Buch gelesen, das schon seit Jahren im Regal steht.

Alles verändert sich, der Fokus hat sich verschoben, die ganze Welt atmet durch und schaut, was sie wirklich will. Wie sehr wird Freundschaft gesucht in dieser Zeit, jemand, der Dir zuhört und Dich in den Arm nimmt. Wie wichtig ist die Familie geworden, die einen Boden bereitet und das Chaos scheinbar von einem weghalten kann. Was für eine unglaubliche Zeit, die alles hervorholt, was vergessen war.

Und was noch tiefer in unseren Seelen passiert, wissen wir gar nicht. Da ist das Herumwirbeln und sich Strecken nach neuen Wegen - unfassbar. Vielleicht spürst Du es auch, dass das Bild, das Du von Dir hast, ins Wanken gerät.

Jeder Mensch will so geliebt werden wie er wirklich ist. Von klein auf haben wir das Gefühl, dass wir nur dafür geliebt werden, was wir tun und wie gut wir Bildern entsprechen und sie verkörpern, die andere als positiv bewerten. Ah, das hast Du gut gemacht! Braver Junge, braves Mädchen! Oh, Du hast eine gute Note geschrieben. Wenn Du zu laut bist, störst Du.

Das hörte nie auf, in der Schule, bei der Arbeit, in Beziehungen, in der Freizeit. Anerkennung und Liebe für das, was die Menschen wollten; das, was sie in Dir sahen.

Dadurch hast Du Wärme von anderen Menschen erfahren, das Gefühl, dass sie Dich bei sich haben wollen, Dich mögen und Dir eine Heimat bereiten werden. Doch die Angst war da, dass sie nur das meinen, was Du tust, obwohl Du in Dir authentisch ganz andere Impulse hättest, die sie überhaupt nicht sehen wollen. Die Rolle als Papa oder Mama, das Lächeln über einen Witz, den man gar nicht witzig findet. Die Freunde mögen einen, weil man immer ja sagt und nichts Kritisches sagt. Die Eltern finden es toll, wenn man studiert; die Menschen finden es toll, wenn man nett und artig ist. Wenn man sich an die Regeln hält, wird man geliebt. Doch dahinter lauerte die Angst, wenn das einmal wegfallen würde, was würde dann bleiben? Würde irgendein Mensch bei einem bleiben, wenn man keine Maske mehr trägt?

Warum geben wir die Rolle nicht auf, hören wir nicht auf mit dem Spiel, lassen wir nicht die Fassade fallen, oder warum nehmen wir die Maske nicht ab? Die Antwort lautet, wir wissen gar nicht, dass unsere Erscheinung und unser Verhalten nicht ganz echt sind. Die Maske oder Fassade ist zum Bestandteil unseres Wesens geworden. Die Rolle ist uns zur zweiten Natur geworden, und wir haben vergessen, was unsere ursprüngliche Natur war.

„Wir haben uns so sehr mit der Rolle und dem Spiel identifiziert, dass wir uns die Möglichkeit, anders zu sein, gar nicht vorstellen können."

Alexander Lowen

Dank Corona ist dieses Bild zerbrochen. Man eckt auf einmal an. Man handelt und denkt anders als sonst, pflegt andere Kontakte; sagt mal eine unbeliebte Meinung. Und es passiert genau das, was man befürchtet hat: Die Menschen ziehen sich von einem zurück, wollen nichts mehr mit einem zu tun haben - sind angewidert. Trotz dieses Schmerzes ist es auch erleichternd, endlich mehr von sich zu zeigen und zu sehen, dass die falsche Fassade, die anstrengend aufrecht erhalten werden musste, ein bisschen zusammenbricht. Endlich können wir lernen, dass wir uns nicht mehr zu verbiegen brauchen für die Liebe eines anderen. Wir können uns ein Stück weit von diesem engen Korsett befreien. Es fühlt sich an wie ein Tod, und es ist auch einer. Doch keiner, den man vermeiden sollte.

Es ist ein Tod von dem (falschen) Bild, das man von sich selber hatte. Ein Tod von dem Verstellen und Hecheln nach Liebe. Ein Tod von dem "so tun als ob". Es ist ein heilsamer Tod für uns alle, und doch fühlt es sich an wie in einem Mixer. Man wird „zerkleinert" und es scheint, als würde etwas sterben, das man vielleicht doch nicht loslassen wollte.

Es ist in dieser Zeit wie ein großer Rüttler, der alles von uns abschütteln kann, was eigentlich schon lange nicht mehr da sein sollte; was überholt ist und nicht mehr gebraucht wird, was uns in die Dunkelheit und Angst führte, unsere Energie und Lebendigkeit verschluckte und uns lähmte und an ungesunde Glaubensmuster und Gewohnheiten fesselte.

Diese Zeit offenbart das, was Du bist und das ist ein großes Geschenk, wenn Du nur den Mut hast, es zuzulassen.

„Es ist besser, für das gehasst zu werden, was man ist, als für das geliebt zu werden, was man nicht ist."

André Gide

Du bist Dir nun viel näher, viel mehr bist Du an Dir selbst dran. Es könnte sein, dass andere Menschen Dich verlassen, weil du ihrem Bild nicht mehr gerecht wirst, das sie von Dir haben. Doch es ist auch eine Chance wieder authentischer zu werden, wieder mehr seine Gefühle zu zeigen, sich wieder verletzlich zu machen und Menschen zu finden, die besser damit umgehen können.

Und dann geht es nicht mehr darum, ob Dich jemand anderes für das liebt, was Du vorgibst zu sein, sondern nur darum, wie sehr Du das sein kannst, was Du wirklich bist. Und darin ist die Liebe zu finden, die Du immer gesucht hast. Je mehr Du zu Dir findest, umso größer ist auch die Kraft, Menschen, Dinge und Gewohnheiten loszulassen, die Dir nicht mehr dienen. Die dem Leben nicht mehr dienen. Alles wird immer einfacher und klarer, eine tiefe Entspannung kehrt ein und eine ungeahnte Freude - die Freude und Gelassenheit der Wahrheit.

Selige Sehnsucht

Sagt es niemand, nur den Weisen,
Weil die Menge gleich verhöhnet,
Das Lebend'ge will ich preisen,
Das nach Flammentod sich sehnet.

In der Liebesnächte Kühlung,
Die dich zeugte, wo du zeugtest,
Überfällt dich fremde Fühlung
Wenn die stille Kerze leuchtet.

Nicht mehr bleibest du umfangen
In der Finsterniß Beschattung,
Und dich reißet neu Verlangen
Auf zu höherer Begattung.

Keine Ferne macht dich schwierig,
Kommst geflogen und gebannt,
Und zuletzt, des Lichts begierig,
Bist du Schmetterling verbrannt,

Und so lang du das nicht hast,
Dieses: Stirb und Werde!
Bist du nur ein trüber Gast
Auf der dunklen Erde.

Johann Wolfgang von Goethe

Die Sichtweise zu ändern ist ein "Stirb und Werde", immer wieder aufs Neue, und ohne Ende. Es ist die Lebendigkeit, die entfacht ist. Doch mit der Lebendigkeit, mit dem "Stirb und Werde", kommt noch etwas hoch. Es hat Dich im Werden etwas geküsst.

Es hat Dich die Endlichkeit geküsst. Dieser Kuss ist warm und birgt eine Sehnsucht und auch eine Befürchtung. Es erinnert an den eigenen Tod. Diesen Kuss haben wir nicht haben wollen, nicht in der Blüte unseres Lebens. Wir haben die Augen fest verschlossen - doch nun wurden sie aufgerissen.

Alles das, was bis jetzt weggeschoben wurde, ist nun hautnah da. Es ist zum Greifen nah. Das, was niemals da sein sollte; das, was für immer im dunklen Kästchen vergraben sein sollte, hat seinen Deckel geöffnet.

„Die Angst vor dem Tod, ist die Angst vor dem Unbekannten, denn wie sollst Du sonst Angst vor etwas haben, was Du noch nicht kennst?"

Sri Amma Bhagavan

Wir schoben die Angst vor dem Tod, das Auslöschen der eigenen Existenz und damit der ganzen Welt, bis jetzt ganz weit von uns. Wir haben die Gedanken daran, dass das Leben endlich ist, weit in die Zukunft geschoben. Der Tod war ein unbekanntes Phänomen, das uns nicht jetzt betrifft, sondern in einer fernen möglichen Zukunft.

Doch nun ist alles anders. Durch das Virus ist der Tod ins Haus gekommen, ins Bewusstsein. Die Todesangst berührt Dich, sie ist da! Auch wenn es Dir noch nicht bewusst geworden ist. Es wird jeden Tag darüber geredet. Überall in allen Medien sieht man Tote oder Kranke – und dass es Dich jederzeit selbst treffen könnte. Das, was wir am meisten bis jetzt verdrängt haben, offenbart sich nun. Das Leben ist endlich und Du könntest jederzeit sterben. Es wird mit allen Mitteln gekämpft, diesen Deckel wieder zuzumachen.

Doch es ist zu spät. Wenn Du es wirklich an Dich heranlässt, dass das Leben endlich ist, Dich wirklich darauf einlässt, dann kann Dich das sofort verwandeln.

Wenn das Wegschieben in eine mögliche Zukunft aufhört, die Dich niemals betreffen wird, die noch ewig weit weg ist, dann lauert da die Angst vor dem Leben an sich. Denn wenn Du Dir diese Angst vor dem Tod nicht anschaust, bist auch Du gefangen in der Angst vor dem Leben. Du wählst dann ein sicheres Leben, ein ungefährliches Leben. Dank Corona ist der Tod nun präsent und wir haben die Chance, zu einem neuen Leben zu erwachen, das nicht mehr durch die Angst beherrscht ist.

Doch dafür muss der Tod als Bestandteil des Lebens angenommen werden, denn der Tod gehört zu jedem Augenblick dazu, denn jede Veränderung ist sterben.

Es ist ein Geschenk, dieses Wegschieben von dem Unausweichlichen zu beenden.

Stufen

Wie jede Blüte welkt und jede Jugend
Dem Alter weicht, blüht jede Lebensstufe,
Blüht jede Weisheit auch und jede Tugend
Zu ihrer Zeit und darf nicht ewig dauern.
Es muß das Herz bei jedem Lebensrufe
Bereit zum Abschied sein und Neubeginne,
Um sich in Tapferkeit und ohne Trauern
In andre, neue Bindungen zu geben.
Und jedem Anfang wohnt ein Zauber inne,
Der uns beschützt und der uns hilft, zu leben.

Wir sollen heiter Raum um Raum durchschreiten,
An keinem wie an einer Heimat hängen,
Der Weltgeist will nicht fesseln uns und engen,
Er will uns Stuf' um Stufe heben, weiten.
Kaum sind wir heimisch einem Lebenskreise
Und traulich eingewohnt, so droht Erschlaffen,
Nur wer bereit zu Aufbruch ist und Reise,
Mag lähmender Gewöhnung sich entraffen.

Es wird vielleicht auch noch die Todesstunde
Uns neuen Räumen jung entgegen senden,
Des Lebens Ruf an uns wird niemals enden…
Wohlan denn, Herz, nimm Abschied und gesunde!

Hermann Hesse

Wenn Dir bewusst wird, dass Du endlich bist, dann offenbart sich jeden Tag ein unglaubliches Wunder! Du atmest, riechst, lebst, fühlst. Im Angesicht des Todes bist Du mitfühlend, verändern sich Deine Ziele im Leben. Du hast weniger Lust, Deine kostbare Zeit zu verschwenden, an übertriebene Dramen, betäubende Gedankengänge oder Verschiebungen Deines Lebens auf nachher, nächste Woche, morgen, irgendwann. Du fängst an, das Leben zu genießen, ganz hier zu sein, ganz in der Gegenwart: ganz bei Dir zu sein. Dadurch bist Du auch anderen Menschen, die Du an Dir teilhaben lässt, viel näher und beginnst, Dein Herz zu teilen, weil Du die Endlichkeit siehst, bzw. eigentlich die Kostbarkeit des Lebens und dieses einen großen Augenblicks.

Wenn Du Dich für die Angst vor der Endlichkeit öffnest, wenn Du es wirklich siehst und an Dich heranlässt und in sie hineingehst, um sie in ihrer Gänze zu durchqueren und zuzulassen, dann kann es passieren, dass Du erkennst, wer Du wirklich bist. Bist Du nur ein Körper, der versucht, einigermaßen gut zurechtzukommen und so lange zu überleben, wie es nur irgendwie geht?

Dieser Körper hat natürlich Angst vor der Auslöschung. Aber bist Du vielleicht mehr als das? Bist Du etwas, was tief verbunden ist mit allem; was niemals vergehen kann, auch wenn der Körper dahinwelkt? Bist Du vielleicht die Essenz, die immer da ist?

Wie kannst Du das herausfinden, außer inmitten Deiner Brust, in Deinem Gefühl, in einem unmittelbaren Erleben dieses Augenblicks, des Lebens, wie es überraschend und geheimnisvoll, doch gleichzeitig ganz klar und offensichtlich als Wunder hier geschieht? Im Gewahrwerden Deiner eigenen Existenz, Deines Daseins, Deiner selbst, wie Du bist - hier. So. Einfach so.

Was bist Du? Und was ist jetzt unsterblich?

Die sieben Weltwunder

Eine Schulklasse wurde gebeten zu notieren, welches für sie die Sieben Weltwunder wären.

Folgende Rangliste kam zustande:

1. *Pyramiden von Gizeh*
2. *Taj Mahal*
3. *Grand Canyon*
4. *Panamakanal*
5. *Empire State Building*
6. *St. Peters Dom im Vatikan*
7. *Grosse Mauer China*

Die Lehrerin merkte beim Einsammeln der Resultate, dass eine Schülerin noch am Arbeiten war. Deshalb fragte sie die junge Frau, ob sie Probleme mit ihrer Liste hätte. Sie antwortete: "Ja. Ich konnte meine Entscheidung nicht ganz treffen. Es gibt so viele Wunder."

Die Lehrerin sagte: "Nun, teilen Sie uns das mit, was Sie bisher haben und vielleicht können wir ja helfen." Die junge Frau zögerte zuerst und las dann vor: "Für mich sind das die Sieben Weltwunder:

1. *Sehen*
2. *Hören*
3. *sich Berühren*
4. *Riechen*
5. *Fühlen*
6. *Lachen ...*
7. *... und Lieben*

Im Zimmer wurde es ganz still.

Gibt es wirklich ein größeres Wunder als das? Und wenn es andere geben würde, was wären diese wert, wenn man sie nicht sehen könnte, hören könnte, berühren könnte, riechen und fühlen könnte, wenn es kein Lachen und keine Liebe geben würde?

Wenn Du das erkannt hast, fällt jede Zukunft und jede Vergangenheit in sich selbst zusammen und offenbart die Gegenwart. Dein wahres Wesen, das, worum es eigentlich geht. Lieben, fühlen, berühren.

„Du musst nicht spirituell sein, sei einfach Du selbst. Das ist das spirituellste, was es gibt.“

Bahar Yilmaz

Veränderung

Immer wenn Du jemanden auf der Straße oder im Fernsehen siehst oder von ihm liest, gehe nicht auf das ein, was Du siehst, sondern auf das, was dahinter liegt. Auf das, was euch beide vereint: Das Streben nach Glück und das Vermeiden von Leiden.

Gedankenspiel: Die Corona-Krise macht es sichtbar, das Tragen eines Mundschutzes ist eine Maske. Wir tragen alle psychologische Masken, um uns zu verstecken. Manche sagen, unsere Persönlichkeit ist sogar die Maske selbst. Der Begriff Persönlichkeit kommt vom lateinischen Wort "Persona". Dieses hatte in der Antike die Bedeutung 'Schauspielermaske'.

Wie unglaublich deutlich ist dieses Symbol der Maske eines Mundschutzes. Wir werden jeden Tag darauf hingewiesen, dass es nun um das Durchschauen der Maske geht!

Für das Tragen des Mundschutzes oder vielleicht auch der Maske an sich, gibt es einen wichtigen Beweggrund.

Ja, er trägt einen Mundschutz, denn das, was ihn antreibt, ist die Liebe zu sich selbst und seinen Mitmenschen. Er will gesund bleiben, er will lebendig bleiben, er will atmen und fühlen. Er will seine Existenz spüren. Und er will niemanden anstecken oder gefährden. Er will noch weiterhin die Chance haben, seine ganze Weite zu erfahren und noch mehr lieben zu lernen.

Oder, er trägt keinen Mundschutz, trotz Maskenzwang, aus Liebe zu sich selbst und dieser Welt, die seiner Meinung nach bevormundet und verarscht wird. Die an ihrer Lebendigkeit gehindert und klein und schwach gehalten wird. Er will seine Wahrheit leben. Er will endlich heraus aus den Begrenzungen und über allem, was jemals gelernt wurde, lebendig sein, an sich und das Leben glauben, auf seine Art. Auch auf alle Gefahren hin, trotz aller eventueller Schmerzen, die kommen könnten. Er will wachsen, über all das hinaus, was ihn eingeengt hat. Er will seine Existenz spüren und allen zeigen, dass er auch auf der Seite der Freiheit steht.

Ja, wenn Du dorthin zurückkehrst, wo Du sehen kannst, dass jeder auf seine Art liebt, dann haben wir Menschen wieder ein gemeinsames Ziel, eine gemeinsame Vision, ein gemeinsames Leben. Das ist es, was uns vereint. Der Ausdruck der Liebe, jeder auf seine Art und Weise und jeder mit seinen Vorlieben. Doch jeder kämpft für seine Sache. Manchmal denken die Freiheitskämpfer voneinander, dass sie nicht kämpfen. Doch jeder kämpft für etwas, selbst der normalste Spießer, selbst der größte Rüpel.

„Seien Sie selbst die Veränderung, die Sie sich wünschen für diese Welt.“

Mahatma Gandhi

Wenn Sichtweisen nicht mehr wie ein Schutzschild vor dem eigenen Erleben getragen werden, sondern nur noch etwas sind, was da sein darf, aber nicht mehr darüber bestimmt, wer mit an der Tafel des Lebens sitzen darf und wer nicht, dann bist Du angekommen. Dann bist Du zu Hause. Dann bist Du ganz bei Dir. Dann bist Du wieder verantwortlich für Dein Leben und schiebst Probleme nicht mehr auf die Umstände und in die Zukunft. Denn dann brauchst auch Du nicht mehr zu fürchten, Deinen Platz zu verlieren.

Andere Epochen oder Kulturen brauchen für den Wandel Naturkatastrophen oder große Kriege, damit sie sich neu definieren und Neues zulassen können. Wie uns die Geschichte lehrt, verändert sich eine Kultur alle paar Hundert Jahre. Wenn sie sich nicht verändert und zu sehr festhält an ihren Werten, dann ist sie dem Untergang geweiht und verschwindet. Wie kann es sein, dass Kulturen, die so hoch entwickelt waren, einfach verschwunden sind?

Immer wieder vernichtet sich die Menschheit selbst, als könne sie Glück nicht aushalten und müsse Leid erschaffen, damit sie ihrer Natur gerecht wird. Die menschliche Natur sucht immer einen Feind, um sich selbst zu definieren, um selbst zu wachsen und sich weiterzuentwickeln. Durch Widerstand, Kampf und Leid scheint für den Menschen Evolution möglich zu sein. Unser ganzes Wesen schreit danach, weiter zu wachsen. Wenn es zu ruhig wird und alles zu einfach, dann erwacht das wilde Tier in uns und will Blut sehen. So hangelten wir uns in der Geschichte voran und haben dabei unseren Weg mit Leichen gepflastert.

Und wenn keine Naturkatastrophen über uns hereinbrechen, bei denen wir uns wieder voller Mitgefühl zur Seite stehen können, dann erschaffen wir selbst neues Leid. Sichtweisen werden auf einmal hergenommen und über ganze Nationen gelegt. Eltern schicken ihre Liebsten nun in einen Krieg. Millionen von Menschen bringen sich gegenseitig um. Atombomben werden auf ganze Völker geworfen. Kulturen wie z. B. Indianer oder Aborigines, die der Natur nahestehen, werden unterworfen und ausgerottet.

Es ist also wieder so weit! Wir haben einen neuen Feind gefunden: Das Virus. Der Mensch will sich weiterentwickeln und sucht den Feind im Äußeren, dort kann er kämpfen, dort glaubt er, die Veränderung erzwingen zu können, die er braucht, um weiter zu wachsen.

Ist es vielleicht Zeit, das eigentliche Virus neu zu definieren?

„Ihr Menschen seid im eigentlichen Sinne keine richtigen Säugetiere. Jede Art von Säugern auf diesem Planeten entwickelt instinktiv ein natürliches Gleichgewicht mit Ihrer Umgebung. Ihr Menschen aber tut dies nicht - Ihr zieht in ein bestimmtes Gebiet und vermehrt euch, und vermehrt euch, bis alle natürlichen Ressourcen erschöpft sind. Und der einzige Weg zu überleben ist die Ausbreitung auf ein anderes Gebiet. Es gibt noch einen Organismus auf diesem Planeten, der genauso verfährt. Wissen Sie welcher? Das Virus! Der Mensch ist eine Krankheit, das Geschwür dieses Planeten! Ihr seid wie die Pest!"

Zitat aus dem Film Matrix

Nun ist das Corona-Virus aufgetaucht, das wir bekämpfen. Doch das Virus ist nur eine Widerspiegelung von unserem eigenen Wesen. Er erinnert uns an die menschliche Gier. Es erinnert uns daran, dass wir alles vernichten, was uns im Weg steht, um uns weiter auszubreiten. Sogar die ganze Erde könnte dafür vernichtet werden. Doch diesmal scheint es anders zu sein. Das Wiederholen desselben Musters tut den meisten Menschen zu sehr weh. Es bricht eine neue Zeit an. Immer mehr Menschen sehen, dass der Feind im Äußeren nur das ist, was man selbst bei sich nicht sehen will. Immer mehr Menschen wachen auf und erkennen, dass Wachstum und Weiterentwicklung nicht nur durch Leid und Schmerzen geschehen können, sondern auch durch Freude und Leichtigkeit. Eine neue Sicht der Möglichkeiten von Wachstum läutet einen großen Evolutionsschritt ein. Es brauch keinen Krieg mehr, keine Widerstände und keine Feinde. Wachstum und Veränderung sind möglich, durch pure Freude und Lust. Lust auf Lebendigkeit!

Wenn das viele erkennen, wird die ganze Menschheit sich verwandeln. Dann muss nicht mehr gekämpft werden, niemand mit Hass überschüttet werden, nur um die eigene innerliche Struktur der Zerstörung nicht anschauen zu müssen.

Das Feindbild wird sich immer wandeln und immer wieder geschürt werden, es wird tausend Gesichter annehmen, um abzulenken von der eigenen inneren Zerrissenheit.

Erst sind die Feinde Politiker und andere mächtige Menschen, die gnadenlos ihre Agenda durchboxen wollen. Da niemand gerne Feind ist, wird bewusst oder unbewusst die Richtung der Feindschaft geändert. Es wäre also vom großen Vorteil für Politiker, wenn sich das Feindbild verlagert z. B. auf Impfgegner, damit der Krieg einen neuen Schauplatz bekommt. Sie werden dafür verantwortlich sein, dass es keine neuen Freiheiten gibt und dass die Welt zugrunde geht. Das ist jetzt der wahre Feind! Nicht die Politik, die einen dahin gebracht hat, nicht mehr die eigene Angst, die ein Schlupfloch sucht, um sich zu vermehren. Nein, es sind die Impfgegner!

Natürlich werden auch die Geimpften von den Impfgegnern zu neuen Feinden gemacht, da sie durch die Impfungen Mutationen von Viren hervorrufen, die noch schlimmer sind als das Coronavirus an sich. Das Virus versucht in den Geimpften zu überleben und passt sich ständig neu an. Der geimpfte Mensch wird eine Fabrik, die Viren-Mutationen hinaus schleudert. Wir werden durch unsere eigenen Maßnahmen zur Bekämpfung der Krankheit ein viel schlimmeres Monster erschaffen.

Die Befürworter beider Gruppen rotten sich zusammen und verfluchen die andere Seite. Es wird gehetzt und Nachbarn werden einen denunzieren. Wie ein Mahnmal auf der Stirn wird es leuchten, bist Du geimpft oder nicht? Wurdest Du getestet oder nicht? Hast Du einen Impfpass oder nicht? Bist Du Feind oder nicht? Doch dieses Mal ist der Feind nicht eine andere Nation, ein anderes Land, nein, es werden diejenigen sein, die einem ganz nahe stehen. Engste Freunde, die Familie und Kollegen auf der Arbeit.

Es wird eine tiefe Spaltung hervorrufen. Wut wird sich nun auf Freunde entladen, nicht mehr auf Politiker oder Maßnahmen. Aber auch das war ja nur eine Verlagerung von der Wut auf sich selbst, auf das eigene Potenzial der Zerstörung.

"Wir weigern uns Feinde zu sein."

Zitat aus Tamera

Hier ein Experiment. Dieses wurde zum Thema Rassismus durchgeführt, spiegelt aber sehr gut eine beginnende Spaltung wider. Es könnte auch als Beispiel für Geimpfte und Impfgegnern hergenommen werden. Innerhalb von nur 3 Stunden wurde eine Gruppe von ganz normalen Menschen gespalten.

https://www.youtube.com/watch?v=GLzaAqgC25M

Die Welt will anscheinend eine Transformation. In dieser nun offensichtlichen Feindschaft muss es eine Änderung geben. Vielleicht will die Welt das Virus Mensch loswerden - oder das Virus in den Seelen der Menschen. Vielleicht soll das Projizieren und damit die Blindheit für die eigenen Schwächen beendet werden. Vielleicht braucht es für Wachstum nun nicht mehr diesen Motor der Wut. Es ist wieder Zeit für eine neue Epoche, für eine neue Kultur. Für liebevolle Werte, für wirkliche Menschlichkeit.

„Der Deutsche gleicht dem Sklaven, der seinem Herrn gehorcht ohne Fessel, ohne Peitsche, durch das bloße Wort, ja durch einen Blick. Die Knechtschaft ist in ihm selbst, in seiner Seele; schlimmer als die materielle Sklaverei ist die spiritualisierte. Man muß die Deutschen von innen befreien, von außen hilft nichts."

Heinrich Heine

Diese Veränderung wird durch ein unscheinbares Virus angestoßen. Wenn es nicht da wäre, auch in diesem Ausmaß, würde etwas Anderes da sein, um diese neue Stufe des Menschseins zu erreichen. Und wahrscheinlich wäre das noch viel brutaler und entschlossener.

Wir haben noch die Möglichkeit, uns dem Neuen langsam und relativ sanft anzunähern. Und in unserem jeweiligen eigenen Tempo die Augen zu öffnen und zu Versöhnung, Freude und Vertrauen zu blicken.

Es ist nun für jeden Menschen möglich in seiner Lebenszeit diesen Wandel zu vollziehen. Das Geschenk ist, dass man jeden Tag, jeden Moment mit Eckig-Denkern oder Rund-Denkern konfrontiert wird. Es gibt kein Entrinnen mehr. Es ist zwar immer noch schmerzhaft und holprig und es bedroht immer noch das eigene Überleben, wenn Sichtweisen infrage gestellt werden, aber es müssen nun keine harten Schicksalsschläge mehr sein, keine unheilbare Krankheit, kein schrecklicher Unfall, keine Bankrotterklärung, keine Tragödien in der eigenen Familie…

Es ist nun ein viel sanfterer Weg, den diese heutigen Krisen uns bieten. Man kann nicht wegschauen, es ist unmöglich geworden.

Für manche sind es aber natürlich auch harte Krisen. Sie verlieren ihre Arbeit, ihre Freunde, sind kurz vor dem Selbstmord. Doch überall das Gleiche. Es ist eine sanfte oder eine harte Krise. Es ist eine Krise, die alles wegbrennen kann, was einen daran hindert, man selbst zu sein.

„Wo aber Gefahr ist, wächst das Rettende auch."

Friedrich Hölderlin

Erst wenn wir das Coronavirus auch als einen Teil des Lebens ansehen, als einen kosmischen Ausdruck der Lebendigkeit und wir keine Angst mehr haben, dass dieses Unkontrollierbare uns das Leben nimmt, erst dann können wir wieder aufatmen. Erst dann werden wir zu einer tieferen Liebe finden, erst dann können wir die Gier in uns nach immer mehr zur Ruhe bringen. Dann leben wir wieder im Einklang mit der Natur, sind wieder ein Teil von ihr. Wir werden dann wieder die Harmonie der Welt spüren, die in uns schwingt.

Wir werden dann jenen menschlichen Teil in uns, der ein Überbleibsel aus den Zeiten ist, in denen man, um zu überleben noch jemandem den Kopf einschlagen musste, überwinden. Wir werden eine neue Stufe der Menschlichkeit erreichen, in der wir uns aus Liebe und aus Freude weiterentwickeln wollen. Es ist Zeit, aus dem Geflecht zu erwachen. Auszusteigen aus der unendlichen Geschichte der Brutalität. Der "Great Reset" ist keine neue Weltordnung, sondern ein innerlicher Wandel vom Krieg zur Liebe hin.

„So ist das im Leben: Wenn sich eine Tür schließt, öffnet sich eine andere. Die Tragik liegt darin, dass wir nach der geschlossenen Tür blicken, nicht nach der offenen."

André Gide

Ein Weg, Frieden mit sich selbst zu schließen und nicht mehr das eigene Verdrängte, das sich im Auge des Nachbarn spiegelt, dort bekämpfen zu wollen, ist die Vergebung.

Vergebung

"Vergib immer deinen Feinden - nichts hassen sie mehr."

Oscar Wilde

Dieses Thema ist in der heutigen Zeit brandaktuell. Vergebung ist meist unerreichbar, es scheint unmöglich zu sein, jemandem zu vergeben, der einem selbst oder der Welt etwas angetan hat. Warum sollte man, wenn der andere doch schuld ist!

Durch Groll- oder Rachegedanken an den Schuldigen wird ein Mechanismus aktiviert, der einem verspricht, Frieden zu finden, indem er das Böse weit weg von der eigenen Identität hält.

Es scheint so, dass erst wenn der andere Mensch leidet und/ oder einsieht, dass er etwas Falsches gemacht hat, das eigene Herz Frieden und Glück findet.

Natürlich hält man mit dieser Sichtweise am Groll fest, denn dadurch gibt es die Möglichkeit, dass der andere Mensch sich vielleicht ändert und diesen Fehler nie wieder begehen wird. Die Welt könnte dann ein bisschen besser werden. Das Paradies, das man sucht, scheint also davon abhängig zu sein, wie viel Groll man in sich trägt. Je größer der Unmut, umso größer die Möglichkeit, dass es den anderen Menschen erreicht und dieser sich verändert. Die Welt könnte ein netter und schöner Ort werden, wenn es niemanden mehr gibt, der einem etwas Böses antut und jeder eingesehen hat, dass er falsch lag.

Die Realität ist aber, dass der andere womöglich auch sein Recht verteidigen will, um seinen Frieden zu haben, und dass er, wenn jemand ihm etwas angetan hat, er selbst Groll und Rache im Herzen hegt. Der Groll ist zu 100 % da, sobald an den anderen Menschen gedacht wird. Er begleitet ihn dann den ganzen Tag, schleicht sich in die Träume ein und übernimmt langsam das Denken. Es ist wie ein Gift das sich ausbreitet und dabei die Gefühle und das eigene Handeln beeinflusst. Fast unmerklich sickert es in die Herzen hinein und übernimmt das Ruder.

Der Mensch, auf den man diesen Groll hat, weiß vielleicht gar nichts davon, hat noch nie von Dir gehört oder hat vielleicht ganz andere Sorgen, als sich um den Groll von jemandem zu kümmern, den er gar nicht kennt. Vielleicht kennt der andere Dich aber auch ganz gut und immer wenn er Dich sieht, sieht er Deinen Groll und fühlt sich in dem Moment vielleicht schuldig. Doch ist es sehr wahrscheinlich, dass seine Schuldgefühle verfliegen wenn ihr auseinander geht, weil er sich mit etwas anderem beschäftigt.

Dass dieser Mensch sich verändert, durch den eigenen Groll, den man 24 Stunden am Tag in den Venen hat, ist genau genommen sehr unwahrscheinlich. Dass ein anderer Mensch Fehler einsieht und sich entschuldigt, nur weil dieser auf Widerstand stößt, wäre ein echtes Wunder. Wahrscheinlich wird der Mensch sich sogar eher noch in seine Sichtweise verbeißen und diese immer mehr verteidigen. Wenn Du ihn hasst und er das spürt, ist es auch viel schwieriger für ihn sich Dir auszuliefern, indem er sagt, dass Du recht hast. Es könnte also sein, dass der Groll den man hat, genau das Gegenteil bewirkt.

Wenn es also so ist, dass der Groll im eigenen Herzen einen ununterbrochen begleitet und der andere sich dadurch nicht mal verändern wird und man die ganze Welt durch diese Brille sieht, könnte es sein, dass dieser Weg einen selbst eher unglücklich macht. Vielleicht gibt es einen anderen Weg, der scheinbar schwerer ist, aber dadurch auch wirklich Veränderung bringt.

"Wir müssen jenen vergeben, von denen wir glauben, dass sie uns Unrecht angetan haben. Nicht, weil sie es verdienen, sondern weil wir so viel Liebe für uns selbst empfinden, dass wir nicht weiterhin für diese Ungerechtigkeiten bezahlen wollen."

Miguel Ruiz

Mit Groll verpesten wir die Welt, solange wir ihr zürnen und dabei verbittern wir. Wir tun dann auch nichts Gutes mehr, haben keine Kapazität mehr, selbst zu lieben, freundlich zu sein, es selbst besser zu machen. So werden wir im Zorn sogar zu Komplizen des Bösen oder Gemeinen, das wir verurteilen. Indem wir eine dunkle Zelle des Giftes werden und uns und alle anderen dadurch ein wenig vergiften - oder zumindest weniger lieben, als wir könnten.

Durch Vergebung können wir den eigenen Groll loslassen. Der Groll, der wie ein schweres Gewicht auf der Seele lastet, könnte losgelassen werden. In der Welt und in unseren Herzen wäre dann ein bisschen mehr Licht, ein besser Ort.

Der tiefe sehnsuchtsvolle Wunsch, die Welt in einen besseren Ort zu verwandeln, hängt dann nicht mehr davon ab, ob jemand anders sich entschuldigt und seine Fehler einsieht, sondern nur davon, ob man den eigenen Groll loslassen, den Schmerz aushalten (nicht verstärken, nicht verdrängen) und langsam heilen lassen kann. Der Amoklauf macht alles nur noch schlimmer und verhindert womöglich sogar die eigene Heilung, weil er die Wunde immer wieder aufreißt.

In dieser Zeit ist der Groll übermächtig geworden, denn man hegt ihn nicht nur gegen einen Menschen, gegen einen Freund, sondern gegen die ganze Welt.

Er hat sich ausgebreitet auf das Virus, auf die Corona-Leugner oder Befürworter, auf ganze Länder, auf mächtige Menschen, auf die Politik und vielleicht sogar auf Gott oder das Leben selbst. Wenn ein Baum durch einen Sturm auf Dein Auto kracht, wird der Groll gegen den Baum Deine Seele langsam schwarz färben.

Es ist eine wahrhaft wunderbare Zeit, die uns so viele Möglichkeiten bietet, Vergebung zu erlernen und selbst Frieden zu finden. Übung macht den Meister! Stell Dir vor, Du wirst Meister im Vergeben! Wie leicht und warm und heiter wäre Deine Seele, Dein Herz, Dein Bauch? Und was für eine Wohltat wärst Du für all jene, die Dich kennen und Dir begegnen?

"Vergebung ist in erster Linie heilend für den, der vergibt. Denn Du befreist Dich von etwas, das Dich sonst bei lebendigem Leib auffressen wird, das Deine Freude zerstört und Dich daran hindert, wirklich bedingungslos zu lieben."

Zitat aus dem Buch/Film die Hütte

(Buch und Film empfehle ich allen, die in das Thema Vergebung eintauchen wollen. Autor William P. Young)

Vergebung kann geschehen, wenn Du siehst, dass Du Dich in Deinem Groll die ganze Zeit selbst verletzt, Dir die ganze Zeit selbst im Weg stehst und sie hilft Dir, wieder frei und tief zu atmen.

Wenn Du Groll im Herzen auf einen Feind hast, wird dieser sich deswegen wahrscheinlich nicht ändern. Wenn Du glaubst, dass wenigstens Dein Groll Dich antreibt zu kämpfen und dadurch die Welt zu einem friedvollen Ort macht, weil Du für Veränderung bist und nicht aufgibst, dann ist dieses Kämpfen gespeist aus einer Schmerzvermeidung. Ein Schmerz, der bei Dir entstanden ist, den Du nicht fühlen willst und für den Du den anderen verantwortlich gemacht hast. Um diesen Schmerz nicht zu spüren, sollte der andere leiden oder einsehen, dass er schuld ist.

"Willst Du einen Augenblick glücklich sein, räche Dich. Willst Du ein Leben lang glücklich sein, schenke Vergebung."

Jean Baptiste Henri Lacordaire

Durch diese Verantwortungsabgabe wird man immer in seinem Muster gefangen gehalten. Immer wieder wird dieselbe Schallplatte abgespielt. Man ist zu einem Strauß geworden, der den Kopf in den Sand steckt, bis die nächste Situation kommt, an der man wachsen könnte.

Veränderung, die wahrhaftig in der Welt und Dir greifen wird, ist genau die, den Schmerz zuzulassen, ihn nicht mehr zu beschützen oder zu verteidigen. Ihn ganz an sich heranzulassen und in diesem Aufblühen des tiefen Leids den anderen zu vergeben.

Wenn Du den anderen vergibst, vergibst Du ihnen letztendlich auch dafür, verantwortlich zu sein für Deine Schmerzen. Das Projizieren Deines eigenen Inneren auf Umstände und Menschen hört damit auf. Du bist dann frei Dein Leben zu leben, Du hast keine Wärter mehr, die Dich einschränken. Du bist wieder frei, wirklich zu lieben. Die Schmerzen, die andere Dir zufügen, sind dann wie ein Kratzer, wenn Du hingefallen bist. Darüber schimpft man nicht wochenlang. Man akzeptiert es, erzählt jemandem, dass es weh tut und lässt es heilen. Du fühlst den Schmerz, den ein Konflikt in Deiner Seele ausgelöst hat, lässt ihn einfach Schmerz sein, lebst weiter und bist wieder freundlich. Die Wunde heilt in ihrem Tempo. Du brauchst sie weder am Leben zu erhalten, noch wegreden. Doch wenn Du vergibst und die Schmerzen zulässt, heilt sie womöglich sogar schneller. Vielleicht wirst Du in diesem Fall sogar entdecken, dass sie Dich bereichert hat.

"Zu vergeben ist wie einen Gefangenen freizulassen und dann festzustellen, dass man selbst der Gefangene war."

Lewis B. Smedes

Was würde passieren, wenn Du der Welt wirklich vergibst? Wenn Du den Corona-Demonstranten vergibst oder den Leuten, die für einen Impfzwang sind?

Es würde sich nichts an der Situation ändern. Sie wären wahrscheinlich trotzdem für oder gegen den Impfzwang. Und Du hättest vielleicht immer noch Deine eigene Meinung zu dem Thema. Es würde sich aber auch nichts ändern, wenn Du weiter wie ein wahnsinniger schimpfen würdest.

Aber etwas bringt die Vergebung doch: Dein eigener Gefühlszustand würde sich verändern. Jetzt sofort würde eine Wärme in Dein Herz fließen, die Dich wohlig erschauern lässt. Jetzt sofort würde sich Dein ganzes Erleben verändern, Deine ganze Sicht der Dinge. Jetzt würde eine Weite entstehen, die liebevolle Gedanken anzieht.

Willst Du das wirklich entbehren, nur für einen Gedanken, der besagt, dass die anderen ihre Schuld erkennen müssen? Willst Du wirklich alles was Dich größer machen könnte von Dir weisen, nur für eine Sichtweise der Dinge, von der Du nicht weißt, ob sie wahr ist? Wenn Du anderen ihre Schuld von den Schultern nimmst, wirst Du freier und sie könnten tatsächlich auch freier werden.

Vielleicht wird in dieser Freiheit diesen Menschen eher ein Wunder geschehen, als wenn sie Deinen Groll abbekommen. Wir wissen es nicht. Und weil wir es nicht wissen, können wir diesen Weg ausprobieren. Denn wichtiger als alles andere ist Dein Lebensgefühl, erst dann kann dieses auch auf andere Menschen übergehen.

"Wenn Du nicht glücklich bist, hilfst Du nicht."

Bentinho Massaro

Es scheint vielleicht im Moment unmöglich, der Widerstand ist noch zu groß, denn durch Vergebung wird eine neue Welt entstehen, die Du noch nicht so gut kennst. Das Glück, das darin entstehen könnte, ist dann so viel unabhängiger von dem Weltgeschehen, dass diese Weite Dich noch überfordert.

Denn durch Vergebung wirst Du ein ganz anderer Mensch sein. Du wirst den anderen gestatten, die vollkommene Anti-Position zu Dir einzunehmen und sie ihnen sogar als gültige Wahl zugestehen. Du wirst sie liebevoll in Deinem Herz integrieren, aufnehmen und ihnen trotzdem alles erdenkliche Glück auf diesem ganz anderen Weg als Deinem eigenen wünschen.

Im Moment ist die Angst vor dieser Veränderung vielleicht noch größer als das Gefühl der Sicherheit, wenn Du an Deinem Groll festhältst. Du denkst vielleicht, es könnte ein Fehler sein zu vergeben. Dann könnte die Welt im Chaos versinken. Das Dunkle könnte die Herrschaft übernehmen. Doch das sind alles Befürchtungen, die vielleicht auch nicht der Realität entsprechen.

"Die Größte Gefahr im Leben ist, dass man zu vorsichtig wird."

Alfred Adler

Vielleicht hast Du noch viel Angst und starke Hemmungen. Doch in Deiner Fantasie ist es schon möglich. Dort hast Du die absolute Freiheit auch Fehler machen zu dürfen. Dort ist alles möglich. Dort kannst Du herausfinden, wie es sich anfühlt. In diesem geschützten Raum kannst Du einfach mal ausprobieren, eine neue Sichtweise einzunehmen.

"Fantasie ist wichtiger als Wissen, denn Wissen ist begrenzt."

Albert Einstein

Stelle Dir in Deiner Fantasie Dich selbst vor, wie Du vergibst. Wie Du allen vergibst gegen die Du Groll hegst. Du musst nicht wissen, wie es geht, allein die Vorstellung der Vergebung wird dieses Wunder herbeiführen. Stelle Dir eine konkrete Situation vor, in der Du jemand anderem vergibst. Spüre in Dich hinein, fühle dieses Wunder. Wie geht es Dir? Was fühlst Du? Was passiert in Dir? Auch wenn Du jemandem vergibst, kannst Du immer noch nein sagen, auch wenn Du der Sonne vergibst, dass sie so heiß auf Dich herunter brennt, kannst Du immer noch Schatten suchen. Spüre nicht nur in Dich hinein, wie es sich anfühlen würde zu vergeben, fühle auch die freigesetzte Kraft. Erforsche ihre Wirkung. Kannst Du erahnen oder wahrnehmen, dass ihr nur Gutes entspringt?

"Alles, was an großem in der Welt geschah, vollzog sich zuerst in der Fantasie eines Menschen."

Astrid Lindgren

Wenn Du Deine Fantasie jetzt benutzt, kannst Du Dich hineintasten in eine Welt voller Vergebung. Ohne dass es für Dich real sein muss. Du kannst in der Außenwelt gerne erst mal weiter schimpfen und fluchen. Falls es sich aber so gut anfühlt, dass Du mehr davon haben willst, ja dann kannst Du es auch mehr und mehr in Deinem realen Leben vollbringen.

"Nichts Wirkliches kann bedroht werden. Nichts Unwirkliches existiert. Hierin liegt der Frieden GOTTES."

Ein Kurs in Wundern

Vollendete Vergebung ist zu sehen, dass es keine Schuld gibt und nie jemand Dir etwas antun konnte. Denn all das war nur ein Glaubenssatz, der nicht wirklich ist.

Zu sehen, dass niemals etwas das verletzen konnte, was Du wirklich bist, sondern immer nur festgefahrene Urteile in Dir empor gewirbelt haben, die Dich eigentlich einschränken und verletzen, befreit Dich sofort.

Im Grunde musst Du Dir selbst vergeben, dafür, dass Du einem Gedanken, der urteilt, mehr geglaubt hast als an Dein wahres unendliches Wesen. Du hast daran geglaubt, dass Du schuldig bist, nicht das zu sein, was in Deinem Inneren leuchtet. Dieses Licht ist schon frei, doch Du glaubst immer noch, etwas dafür tun zu können, wirklich frei zu sein.

Vergebe Dir dafür, dass Du einen Moment vergessen hast, wer Du wirklich bist, nur einen Moment, der sich scheinbar unendlich in die Zeit ausgedehnt hat und Dich glauben lässt, dass es Angriff und Verteidigung gibt.

Wenn Du siehst, dass keine Sichtweise verteidigt werden muss, wird es auch keinen Angriff mehr geben können. Das ist dann eine Vergebung, die Dich niemals mehr verlassen wird. Du hast Dich selbst befreit.

"Vergebung ist keine einmalige Sache, Vergebung ist ein Lebensstil."

Martin Luther King

Wenn Du jetzt daran denkst, Dir ganz und gar zu vergeben, sogar für all das, was Du selbst gar nicht mehr weißt, entsteht eine Kraft, die nicht von dieser Welt ist. Sofort bist Du mit einer Energie verbunden, die außerhalb Deines Verstandes in Dein Herz fließen kann und Dich tief berührt. Denn um zu vergeben, muss man nichts verstehen, Urteile kommen aus dem Verstand und daher kann der Verstand die Dimension und die Macht der Vergebung gar nicht erfassen.

Wie das geht, musst Du nicht wissen, Du musst nichts glauben, sondern einfach geschehen lassen. Die Energie ist jetzt da, sie brauch nur Deine Öffnung. Dein OK!

Wenn Du magst, verbinde Dich in Deiner Fantasie mit einer lichtvollen Quelle, mit einer Kraft, die Dir gut tut und außerhalb von Dir ist. Du musst nicht an etwas Höheres glauben, sondern nur dieses Bild nehmen. Denn die Fantasie sorgt schon selbst dafür, dass es wahr wird. Lasse Dich von dieser lichtvollen Quelle umhüllen und sprich in sie hinein:

Ich bin verbunden mit der lichtvollen Quelle. Durch ihre Kraft vergebe ich mir auf allen bewussten und unbewussten Ebenen. Ich muss nicht wissen, wie es geht, trotzdem geschieht es durch die Kraft der Vergebung. Ich vergebe mir für alles Leid, das ich mir selbst zugefügt habe, indem ich Gedanken vor das gegenwärtige Erleben gestellt habe. Ich vergebe mir dafür, dass ich schon vollkommen bin und dadurch die Suche nach Ganzheit beendet wird. Ich vergebe mir für all das, was ich nicht bin und geglaubt habe zu sein.

Danach bleibe in der Stille dieses Bildes und danke der Quelle für ihre Kraft und dafür, dass Vergebung passiert ist.

Falls Du ein Mensch bist, der mit solchem Hokuspokus nichts anfangen kann, gibt es auch eine Methode die Deinen Verstand überzeugen könnte, die Angriffs- und Verteidigungsmechanismen in ihrer Tiefe zu durchschauen und damit zu einer Vergebung zu gelangen, die aus einer tiefen Erkenntnis heraus geschieht. Dafür empfehle ich Dir, Dich mit „The Work“ von Byron Katie zu beschäftigen. Dies ist kostenlos und sehr einfach zu handhaben.

Einführung: https://www.youtube.com/watch?v=zU0e1hn-QKg

„The Work ist ein Weg, jene Gedanken zu identifizieren und zu hinterfragen, die alles Leiden in der Welt verursachen. Es ist ein Weg, der zum inneren Frieden und zum Frieden mit der Welt führt.“

Byron Katie

Vorlieben

Nun sagen vielleicht einige Eckig-Denker: Wir wollen nicht vergeben. Alles nur ein billiger Trick, um die Menschheit ruhig zu halten. Vergebung ist eine christliche Einstellung, um Rund-Denker zu züchten.

Vergeben bedeutet ja, dass man nichts mehr tun soll oder muss und dann wird ja alles noch viel schlimmer. Jetzt könnte man den Zug noch aufhalten. Jetzt könnte man noch eine Revolte starten, bevor es in die Sklaverei geht, in den Kommunismus, in den Überwachungsstaat. Es müssen nur genügend Menschen erwachen und aufstehen.

In diesem Buch geht es nicht darum, sich zurückzulegen und nicht mehr zu kämpfen. Das kann weiter gemacht werden, wenn man es denn will. Es geht nicht darum, wieder Vertrauen in den Staat zu bekommen, in die Massenmedien.

Es geht nicht darum, einfach still alles über sich ergehen zu lassen und keine Vorlieben mehr zu haben… Also, wenn Du gerne Salat isst, nun zu sagen: "Ahhh, alles ist lecker und es ist ganz egal was ich esse, daher esse ich alles, weil alles gut ist, weil ich allen Menschen vergeben habe. Meine Vorlieben für etwas sind nun verschwunden. Es gibt ja kein richtig oder falsch mehr!" Wo würde sich da noch Freude finden, wenn alles gleich ist? Ist dann nicht alles fade und öde und langweilig? Es geht nicht um eine neue ausgedachte Sichtweise, die man selber gar nicht fühlt, die aber einfach nur etwas spiritueller ist.

Nein, es geht darum, den Salat zu essen, auch weiterhin, weil Du ihn liebst, aber nicht mehr darum, dass auch andere dasselbe tun müssen und dass sie sonst kein Mensch mehr sind oder ein Freund von Dir sein können. Es geht darum, das, was Du tun musst, aus vollem Herzen und mit voller Hingabe zu tun. Und alles andere aber auch sein zu lassen…

Erst dann kann wieder voll gelebt werden und dabei wird jedes Gefühl 100% erfahren. Das, was da ist, ist genug! Es braucht nicht kleiner oder größer gemacht werden. Es kann da sein und sich ganz entfalten. Ein Fließen in die Gegenwart. Wenn das passiert, ist man selber wieder glücklich und voller Liebe. Denn endlich darf man wieder sein, so wie es sich gerade wirklich zeigt. Ja, dann kann man voll und ganz ein Gefühl leben und sich darin zeigen, ohne Vorsicht vor dem Morgen.

Ich habe einmal eine Erleuchtete getroffen. Vor der Erleuchtung war sie eine sehr linkspolitische Person, die gerne auf Demos ging und dort die anderen voller Hass und Leidenschaft anschrie. Nach der Erleuchtung war sie nur noch voller Liebe zu allen Wesen auf der Welt. Voller Mitgefühl und mit durchscheinendem Gottesfunken. Als sie aufgewacht war, hatte sie gesehen, dass alles gut ist, die ganze Welt in Gottes Hand liegt, dass man beschützt ist und dass es keine Vergebung braucht, weil alles im Einklang mit der Gegenwärtigkeit ist. Als sie das sah, war nur noch ein Fließen in Liebe zu allen Formen, Dingen, Farben da. Nichts musste mehr verändert werden. Es ist das Antlitz der Liebe, das sie sah. Jeden Moment. In jedem Ding. In jedem Menschen.

Nach einiger Zeit, als die immensen Glückserfahrungen und weiten Gefühle schon fast zur Normalität geworden waren, scharrten sich Anhänger um sie herum und verehrten sie als geronnene Weisheit: eine Manifestation der Liebe. Eines Morgens sahen diese Menschen, wie die Frau ihren Mantel nahm und auf eine Demo ging.

Wieso tat sie das? Alle fragten sich, wie das sein kann, dass ein Mensch, der nun alles erkannt hatte, der mit Gottes Auge tanzt und in die Unendlichkeit der Liebe gefallen ist, nun wieder auf Demos gegen Atomkraftwerke geht? Als sie gefragt wurde, sagte sie, es gäbe einfach Vorlieben ihrer Persönlichkeit. So wie sie vor dem Erwachen gerne Apfelkuchen gegessen hatte, würde sie wieder Apfelkuchen wählen, wenn ihr mehrere Kuchen angeboten werden.

"Gehe aufrecht wie die Bäume,
liebe Dein Leben so stark wie die Berge,
sei sanft wie der Frühlingswind,
bewahre die Wärme der Sonne im Herzen,
und der große Geist wird immer mit Dir sein."

Indianische Weisheit

Sie ist vorher auf Demos gegangen, voller Wut und Hass gegen die andere Seite… Und nun hat sie erkannt, das alles Liebe ist und alles ein Ausdruck von ihr. Ob es Atomenergie gibt oder nicht, alles kommt aus derselben Quelle. Es gibt keinen Grund auf eine Demo zu gehen. Es gibt aber auch keinen Grund nicht auf eine Demo zu gehen. Daher ging sie, weil es in dem Moment ihre Vorliebe war, es zu tun. Ohne Widerstand, ohne Hass, ohne Wut. Ohne den Willen, etwas verändern zu wollen in dieser Welt.

Einfach weil sie es liebte, das zu sein, was sie ist. Sie hat Vorlieben und sie liebt so sehr, dass sogar diese Vorlieben da sein und gelebt werden dürfen. Das Ziel dabei einen Apfelkuchen zu essen, ist nicht, den Hunger zu stillen und satt zu sein. Sondern die Lust auf den Geschmack, auf den Moment des Essens. Wie die Geschmacksknospen in der Mundhöhle explodieren, das Kauen von den knusprigen Stücken, die Erinnerung an alle anderen Apfelkuchen, die man schon gegessen hat. Schöne Verknüpfungen mit der Oma, die sonntags immer einen brachte. Ein Fest für alle Sinne - ohne Ziel und ohne Erwartungen für die Zukunft.

Es sollte natürlich nicht ein neues Konstrukt sein, ein neuer spiritueller Zuckerguss. Jemand, der so tut, als ob er liebt, aber doch eigentlich noch an alten Sichtweisen festhält. Nein, das wäre ein neuer Krieg, der dann in der Welt ausgefochten werden müsste. Denn alles was noch unerforscht in einem lauert und verdrängt wird, muss sich in der Welt zeigen. Der Spiegel der Welt offenbart alles, was in einem noch im Dunkeln liegt. Egal wie sehr man sich es anders wünscht. Es gibt kein so tun als ob mehr.

"Du siehst die Welt nicht so wie sie ist, Du siehst die Welt so wie Du bist."

Mooji

Es soll kein neues Gedanken-konzept sein, das sich über das eigene Erleben legt. Nein, es wird wahrlich gefühlt! In jeder Zelle vibriert es, vor Lebendigkeit und Liebe. Keine neue hohle

Sichtweise, sondern ein Lebendigsein des Gefühls.

Wenn diese neue Lebendigkeit hervorbricht, ist der Kanal wieder frei, um leidenschaftlich zu leben. Es könnte sogar passieren, dass noch mehr gekämpft wird, vielleicht wird sogar noch lauter auf Demos geschrien und sich noch mehr gegen Ungerechtigkeit und für die Freiheit eingesetzt. Doch es wird kein Feind mehr im äußeren gesucht, es ist einfach nur noch Liebe, die sich ausdrückt.

Wie wäre es, vor einem Eckig-Denker zu stehen oder, im anderen Fall, vor einem Rund-Denker, ihm in die Augen zu sehen, und dann zu sehen, dass der andere auch nur lieben und glücklich sein will, so wie man selbst? Er hat nur eine andere Sichtweise der Dinge und einen anderen Weg gewählt, um dorthin zu kommen.

Wie wäre es, auf einer Demo zu sein, ohne Wut und ohne Hass? Einen Polizisten zu sehen und zu erkennen, dass er im göttlichen Spiel seine Rolle spielt und dafür dankbar zu sein, dass dieser Mensch einfach das ist, was er ist? Was würde passieren, wenn Tausende von Menschen mit dieser Energie auf einer Demo sind, mit vollem Herzen und tiefer Verbindung zu allem anderen?

Nun sagen einige, auch dann würde gar nichts passieren und die Polizisten würden nur in sich hinein grinsen. Nichts würde sich ändern. Es braucht Widerstand und Gewalt!

Die anderen sagen aber: Ja, das kann erst auf einer viel tieferen Ebene passieren, wenn auch ein Polizist lacht. Es wird ihn erreichen, ohne dass er es weiß. Er wird nach Hause gehen zu seinen Kindern und ein Stück davon mitnehmen, etwas friedvoller werden. Und das wird sein Denken langfristiger beeinflussen, als wenn er blutend nach Hause kommt, dann voller

Hass und Angst zu seinem nächsten Einsatz geht, um sich zu rächen.

"Liebe ist die einzige Macht, die imstande ist, einen Feind in einen Freund zu verwandeln."

Martin Luther King

Lass uns träumen:

Ein Polizist schaut in die Augen der Demonstranten und sieht, dass sie genau wie er selbst auch nur Liebe und Glück suchen. Die Demonstranten haben zwar eine andere Sichtweise und stehen auf der andere Seite, doch jeder Schlag, den der Polizist gegen sie machen würde, wäre ein Schlag gegen sich selbst. Ein Schlag gegen die eigene Liebe, Menschlichkeit und Wärme, die sich eigentlich zeigen will. Jeder Schlag auf einen Demonstranten treibt diesen Polizisten weiter in eine tiefe Einsamkeit, in einen tiefen Trennungsschmerz. Auch wenn es sich nicht sofort zeigt, ist es da und wird sich weiter ausbreiten, bis es einen ganz auffrisst. Was würde passieren, wenn der Polizist das sehen würde?

Was hat jemals bei Dir etwas verändert? Widerstand? Oder Liebe?

Oder war es nicht eher ein Wunder, dass Du auf einmal anders gedacht hast, andere Gefühle hattest und anders gehandelt hast? Wie kann man zu solch einem Wunder beitragen oder es anziehen?

Das geht nur ohne Absicht, ohne Ziel, ohne Zwang. Es passiert einfach dadurch, dass man sich hingibt an die Schöpfung, an den Moment, an das, was mächtiger ist als alles andere.

Wenn ein Mensch so voller Offenheit ist und dann einen Eckig-Denker oder ein Rund-Denker trifft, wird es dann wirklich noch um andere Sichtweisen oder Argumente gehen?

Wie wäre es, sogar einen mächtigen Feind zu unterstellen, dass er aus Liebe handelt, aus seinen Überzeugungen, weil er wirklich denkt, dass die Welt dann eine bessere ist? Ist es nicht sein Ziel, eine bessere Welt zu erschaffen? Mehr Geld zu verdienen, um noch besser dazustehen? Um noch mehr seiner Ziele zu verwirklichen? Auch wenn das Erreichen seiner Ziele sogar Menschenleben fordert. Ein Baum, der im Wald seinen Platz einnehmen will, muss sich auch gegen andere durchsetzen. Vielleicht muss er sogar andere Sämlinge vernichten, um das zu sein, was er sein möchte.

Es gibt etwas, was bei uns Menschen gleich ist und es gibt etwas, was unterschiedlich ist. Auf das, was anders ist, wird immer geschaut, weil wir es so gelernt haben. Doch auf das, was gleich ist, schauen nur die wenigsten Menschen: Auf den Kern des Herzens, das eigentliche Wesen des Öffnens für den Augenblick, der Gefühle, des Liebens.

"Die Liebe erkennt nichts als sich selbst als Realität an. Und davor fürchten sich all die Energien, die keine Liebe sind."

Quelle unbekannt

Was für eine Gelegenheit, die sich uns nun in der heutigen Zeit bietet. Es prallen Menschen aufeinander, die komplett andere Sichtweisen haben. Normalerweise konnte man diesen Menschen aus dem Weg gehen und sich nur mit Freunden umgeben, die gleich denken.

Doch diese Trennung ist nun vorbei! Man arbeitet nun mit jemandem zusammen, der entweder ein Rund-Denker oder ein Eckig-Denker ist, oder in der Familie outet sich jemand, oder der beste Freund geht auf einmal auf Demos.

Sichtweisen werden nun offen gezeigt, soweit man sich traut hinzuschauen, und diese neue Wahrheit steht zwischen den Menschen.

Wenn Menschen eine neue Wahrheit gefunden haben, wird diese meist genauso verteidigt oder meistens sogar noch mehr, wie die, die man verloren hat. Andere Wahrheiten werden dann angegriffen. Wie ein Raucher, der nun zu einem militanten Nichtraucher geworden ist, weil er für sich erkannt hat, was schädlich ist. Und nun müssen alle anderen Menschen um ihn herum eigentlich auch aufhören. In der Anwesenheit dieses Menschen gibt es keine Entspannung mehr, wenn es um das Thema Rauchen geht. Eine neue Sichtweise wurde gefunden und diese ist nun wirklich letztendlich wahr und muss noch mehr verteidigt werden.

Kennst Du den Ausschnitt aus dem Film "Die Bärenbrüder?" Da, wo die beiden Steinböcke zum Echo brüllen, dass es die Klappe halten soll? Und es zurück echot: "Du hältst die Klappe!" Und sie wieder rufen: "Nein, Du hältst die Klappe!" Dann das Echo: “Nein, Du hältst die Klappe!” Und die Steinböcke wieder energischer rufen: “Nein, Du hältst die Klappe”etc…

Es könnte endlos weitergehen.

Jede Wahrheit, die man gefunden hat, verselbstständigt sich und schreit zurück, dass das nicht wahr ist. Und dann greift man diese Wahrheit wieder an…

Man verliert aus den Augen, dass man eigentlich nur sich selbst anschreit, sich selbst die ganze Zeit beschäftigt, um zu beweisen, dass die eigene Wahrheit wahr ist.

Aber birgt nicht jede Sichtweise, jede gewonnene Wahrheit auch die Erkenntnis in sich, dass alles immer auch anders gesehen werden könnte und keine Sichtweise endgültig ist? Ist es nicht immer wieder nur ein kleiner Punkt in dem großen Universum, der nun behauptet, wahr zu sein? Doch ist das nicht in Wahrheit nur eine unglaubliche große Einschränkung dessen, was wirklich möglich ist?

Und könnte es nicht sein, dass jede Sichtweise, da sie de facto nur aus einem bestimmten Blickwinkel geboren wurde, immer schon eine Lüge ist? Denn niemals kann eine Sichtweise alles betrachten, alles aufsaugen und beinhaltet alle Informationen. Es ist nur eine momentane Bestandsaufnahme von den Informationen, an die man gerade heran gekommen ist.

„Glaube denen, die die Wahrheit suchen, und zweifle an denen, die sie gefunden haben.“

André Gide

Sichtweisen trennen die Wirklichkeit immer in gut und schlecht. Wie z. B. bei einer Krankheit. Wenn man einen Tumor hat, soll dieser weg, er stört den Ausdruck des Lebens. Die Schulmedizin will ihn herausschneiden und dann wegwerfen. Es wird gekämpft und man ist voller Widerstand gegen den eigenen Ausdruck des Lebens.

Doch kann es auch anders gesehen werden: Es ist ein Teil von Dir. Ein Teil, der genauso geliebt werden will. Ein Baum hat ein paar schwarze Blätter: Danke, dass sie da waren, sie haben gelebt und nun können sie bleiben oder gehen. Der ganze Baum vibriert vor Lebendigkeit und diese schwarzen Blätter sind ein Teil von ihm, ein Ausdruck des Lebens selbst. Sie können auch losgelassen werden, um anderen grünen Blättern Platz zu machen. Aber nicht, weil es besser ist, sondern weil das Leben sich einfach wandelt und immer wieder im Wandel ist.

"Wir lieben nicht was schön ist, sondern es wird schön, was wir lieben."

Autor unbekannt

Es wird ganzheitlich auf die schwarzen Blätter geschaut, ohne Trennung zu dem Rest des Baumes. Es ist das ganze Wesen Baum, ohne Begrenzung und Einschränkungen. Welche Erlebnisse, welche Umstände führten zu den schwarzen Blättern? Warum glaubt der Baum nicht an das ewige, nie welkende Grün?

Das Bild der Welt, alles, was nicht da sein sollte und was herausgeschnitten werden soll, ist ein Teil von Dir! Es ist Dein schwarzes Blatt. Es spiegelt sich ungeschminkt in Deinem Wesen wider. Verspürst Du Widerstand und kämpfst dagegen? Kämpfst Du gegen Dich selbst? Willst Du Dich selbst vernichten?

Oder ist es eingebettet in Deine Unschuld und in die Umarmung Deines eigenen Selbst? Ist es ein Ausdruck der unendlichen bedingungslosen Liebe? Oder ist es ein Ausdruck von Schlechtem und Falschem?

"Mein Bruder bat die Vögel um Verzeihung. Das scheint sinnlos, und doch hatte er recht; denn alles ist wie ein Ozean, alles fließt und grenzt aneinander; rührst Du an ein Ende der Welt, so zuckt es am anderen."

Fjodor Michaijlowitsch Dostojewskij

Ich traue mich nun, eine sehr gewagte Sichtweise einzunehmen:

Aus dem oben genannten Blickwinkel könnte es auch genauso wahr sein, dass die Corona-Maßnahmen und das Impfen vielleicht einfach ein neuer Evolutionsschritt sind. Es wird vielleicht die halbe Menschheit ausgerottet, doch übergeordnet ist das vielleicht auch ein guter Schritt. Sogar dann, wenn diese letzten Menschen keine Freiheit mehr haben, überwacht werden und nur noch wie Arbeitsbienen in den Tag hinein schuften.

Aber die ganzen Pflanzen und Tiere würden sich freuen! Die Umwelt atmet auf! Wer will und kann sagen, was das Richtige ist? Wer will sagen, als der Asteroid gekommen ist und die ganzen Dinosaurier auslöschte, dass dies nicht richtig war?

Es wäre dann vielleicht nie ein Mensch geboren worden.

Vielleicht ist es sogar gut, dass Menschen auf Demos gehen und die Politiker daher aufwachen, vielleicht ist es gut, wenn Menschen sich nicht impfen lassen wollen, weil es Nebenwirkungen gibt. Vielleicht kommt tatsächlich in einem Jahr heraus, dass diese Nebenwirkungen so schlimm gewesen wären, dass die halbe Menschheit daran sterben würde.

Vielleicht ist es daher besser, wenn die Menschheit nicht ausgerottet wird, sondern sich immer weiter vermehrt, bis sie aus Platzgründen die Erde verlassen muss, um neues Leben auf andere Planeten zu bringen?

Vielleicht ist es gut, dass es Meinungsfreiheit gibt, vielleicht sind sogar Gewalt und Chaos letztendlich gut, damit etwas Neues, Schönes entstehen kann?

Vielleicht ist ein Waldbrand gut, damit ein neuer Wald wachsen kann…

Vielleicht steht eine neue Menschheit an. Vielleicht auch nicht und es ist gut zu kämpfen. Was immer geschieht, es ist im Fluss des Lebens. Es kommt nur darauf an, ob Dein Herz weiter geöffnet wird oder es sich verschließt auf Deinem Weg.

"Was für die Raupe das Ende der Welt, ist für den Rest der Welt ein Schmetterling."

Laotse

Vertrauen

Es gab am Anfang der Corona-Krise ein gewisses Grundvertrauen. Ein schlichtes Vertrauen in die Welt, in die Materie, in die Politik, in Freunde, in Beziehungen.

Doch nun wurde das Vertrauen massivst erschüttert, und zwar kollektiv für alle (oder die meisten). Jeder Mensch mit Mundschutz erinnert uns an die Gefahr! Es gibt etwas Unbekanntes und wir haben es nicht im Griff! Ich fürchte mich vor Dir! Du bist gefährlich, der menschliche Kontakt ist gefährlich.

Das Grundvertrauen sackt in sich zusammen und es kommen Gefühle auf, die niemand haben will.

Man kennt das doch, gute Laune ist ansteckend. Und schlechte Laune natürlich auch. Und wie ist es dieser Tage? Eine gewaltige bedrückende Stimmung holt uns immer wieder ein. So viel schwere Gefühle in so vielen Menschen, und es schwingt und breitet sich ganz subtil aus und nimmt unser aller Lebensgefühl ein. Die Straßen sind menschenleer, man sitzt in seiner Wohnung und über einem, neben einem, unter einem sind überall Menschen, die Angst ausstrahlen.

Jeder denkt in seiner Wohnung, er ist alleine mit seinen Gefühlen und muss diese in den Griff bekommen. Doch das ist nicht wahr. Es ist eine Grundstimmung, die jeder andere Mensch mit aufnimmt. Niemand ist alleine mit seinen Gefühlen. Alles bedingt sich und wird aufgenommen und weitergetragen.

Wir sind wie Pusteblumensamen im Wind, ein leichter Lufthauch und alle schweben gemeinsam weiter. Doch jeder Samen denkt, dass es nur ihn getroffen hat, nur er spürt dieses Lüftchen. Wir haben selber schwere Gefühle und denken, dass es nur unsere eigenen sind. Doch wir übernehmen auch unglaublich viel von anderen Menschen, ihre Stimmungen und ihre Schwingungen.

Darin könnte eine Entspannung liegen, dass es nicht nur ein eigenes persönliches Gefühl ist. Es betrifft jeden Menschen. Wie wichtig ist es, genau dort einen kleinen Lichtstrahl hineinzubringen. Ein bisschen Hoffnung und Schönheit, vielleicht sogar eine mutige Lockerheit zu bewahren.

Doch das Vertrauen in die Welt, das bis jetzt unser Fundament war, wird nun durch diese schweren Gefühle infrage gestellt. Plötzlich wird offensichtlich, dass diese Art von Vertrauen ganz bestimmte Bedingungen stellt. Bedingungen, die sonst nur durch schwere Schicksalsschläge so deutlich offenbart wurden, werden plötzlich sichtbar. Z. B.: Ich habe Vertrauen in die Welt, wenn ich gesund bleibe!

Wenn diese Bedingungen nicht mehr erfüllt werden, schwindet das Vertrauen und dann fällt man auf einmal in etwas Unbekanntes, etwas völlig Neues, von dem man nicht weiß, ob man ihm auch vertrauen kann. Genau genommen macht einem dieses Neue und Unerforschte sogar Angst, doch das muss es nicht. Genau dort, inmitten dieses großen Unbehagens, im Unbekannten, gibt es eine gewaltige Chance und die besondere Möglichkeit, das Leben wieder zu feiern.

Denn das Vertrauen, das man verlieren kann, wenn dies oder jenes passiert oder nicht passiert, ist niemals das eigentliche tiefe Urvertrauen, nach dem wir uns sehnen. Es ist erfüllt von der Angst, dass all das, was passieren soll, nicht passiert, oder dass das, was nicht passieren darf, doch irgendwann passiert.

Und das ist unsere Chance, die wir jetzt haben. Diese beschränkte und in der Tiefe instabile, sogar einschränkende Art von Vertrauen, an der wir uns festgeklammert haben, kann endlich losgelassen werden und etwas Größerem, Tieferem und vor allem Lebendigeren und Lebensbejahenderen Platz machen.

"Man hat euch gesagt, es wäre fünf vor zwölf.
Nun geht zurück und sagt den Menschen, dass dies die Stunde ist!
Es gibt einiges zu überdenken:
Wo lebst Du? Was tust Du?
Welcher Art sind Deine Beziehungen?
Bist Du in der richtigen Beziehung?
Wo ist Dein Wasser? Kenne Deinen Garten!
Es ist Zeit, Deine Wahrheit auszusprechen.
Erschaffe Deine Gemeinschaft.
Sei gut zu Dir selbst.
Und suche nicht im Außen nach einem Führer.
Dies könnte eine gute Zeit werden!

Es gibt einen Fluss, der sehr schnell fließt.
Er ist so groß und schnell, dass es Menschen gibt,
die Angst davor haben. Sie werden sich am Ufer festhalten.

Sie werden das Gefühl haben, zerrissen zu werden und sehr leiden.
Du sollst wissen, dass der Fluss sein Ziel hat.

Die Ältesten sagen, dass wir das Ufer loslassen müssen,
uns abstoßen und in die Mitte des Flusses schwimmen,
unsere Augen offen halten und unsere Köpfe über Wasser.

Dann schau, wer bei Dir ist und mit Dir feiert.
In dieser Zeit jetzt dürfen wir nichts persönlich nehmen,
am allerwenigsten uns selbst.
Denn sobald wir das tun, stoppt unser spirituelles Wachstum.
Die Zeit des einsamen Wolfs ist vorüber.

Versammelt Euch!
Verbannt das Wort Kampf aus Eurer Geisteshaltung
und aus Eurem Vokabular.
Alles was wir jetzt tun, muss auf heilige
Art und Weise getan und zelebriert werden.

Wir sind diejenigen, auf die wir gewartet haben."

Aus der Prophezeiung der Hopi-Indianer

Dieses bedingte Vertrauen hält einen davon ab, mit dem Fluss zu fließen. Je mehr der Fluss an einem zieht, umso mehr klammert man sich verbissen fest. Das Loslassen von den alten Werten könnte einen in die Mitte des Flusses spülen. Der Fluss trägt einen zu neuen Ufern. Man ist selbst ein Teil des Flusses geworden. Das Vertrauen in Dinge am Uferrand, die einen halten könnten, ist etwas Größerem gewichen. Dem Vertrauen in den Fluss, in die Urgewalt der Natur. In das sprudelnde Leben selbst. Dort gibt es keine einzelne Person mehr. Dort wird nichts mehr persönlich genommen. Dort ist alles am Fließen.

Wer möchte danach noch in das bedingte Vertrauen zurück? Wer möchte sich nach dem Ritt im strömenden Fluss jemals wieder am Ufer festhalten? Wer möchte dann wieder seine eigene Person anketten und auf einen Dornenthron setzen. Wie unlebendig fühlt es sich doch eigentlich in der Tiefe an, sich da am Ufer festzuklammern?

"Wenn das Leben Dir alle Formen nimmt, von denen Du dachtest, dass sie das Fundament und der Boden Deines Lebens sind, was bleibt dann übrig? Das Leben, das kein Fundament und keinen Boden braucht - das das Fundament ist. Das Formlose. Die Essenz."

Eckhart Tolle

Wenn Du willst, ist hier eine Übung, mit der Du selbst die Grundfesten Deines weltlichen Vertrauens durchschauen kannst (das Festhalten am Ufer) und damit einen weiteren Schritt in Deine Freiheit und Lebendigkeit gehen kannst:

Überlege einmal kurz, was Dir Vertrauen gibt? Was sind Deine Grundfesten des Vertrauens? Welche Bedingungen gibt es bei Dir? Sei ehrlich und schonungslos, unmoralisch und kindlich naiv in Deinen Antworten. Keine Sorge, ich will Dir nichts wegnehmen.

Manche sagen vielleicht, es gibt ein Vertrauensgefühl wenn:

- sie genug Geld haben,
- ihr Partner sie nicht hintergeht,
- sie sich selbst lieben,
- Gott hören,
- genug zu essen haben,
- gesund sind,
- usw...

Es gibt sogar Umkehrschlüsse in Bedingungen, wie z. B.:

- erst wenn ein Mensch mir beweist, dass er vertrauenswürdig ist, habe ich Vertrauen.

- erst wenn mein Partner mir sagt, dass er mich liebt, habe ich Vertrauen.

- erst wenn ich satt bin, habe ich Vertrauen.

Usw...

Schreibe auf, was es bei Dir ist, egal was es ist. Und dann schau es Dir an. Schau Dir jeden einzelnen Satz an, jeden Gedanken, den es in Dir gibt, jede Sichtweise, jeden Umkehrschluss. Und dann sage ehrlich, wie leicht dieses Vertrauen erschüttert werden kann, ob es wirklich rein und unschuldig ist, wie das eines Kindes, oder wie viel Angst Du eigentlich davor hast, es zu verlieren. Ob nicht hinter jedem Satz diese Befürchtung lauert, es zu verlieren, die Deine Energie auffrisst und Dich lähmt?

Ja, fühle in Dich hinein, gehe auf den Grund Deines Vertrauens … und spüre die Befürchtung dahinter … spürst Du sie? Spürst Du den Zweifel?

Nimm Dir eine Minute … nur eine Minute …

Das, was Du aufgeschrieben hast, Deine Verknüpfungen, Bedingungen und Umkehrungen sind vielleicht nur da, weil Du schon davon ausgehst, dass die Welt ein unsicherer Ort ist.

Kannst Du bei irgendeinem Satz, den Du geschrieben hast, irgendetwas Gutes finden, das immer bleibt? Das Dich wirklich trägt? Das Dir die unendliche Schönheit Deines Wesens widerspiegelt?

Fühle es … fühle die Wahrheit! Lass Dich hineinfallen in die Wahrheit …

Was findest Du?

Vielleicht nichts. Zumindest nichts Einzelnes, nicht ein Mensch oder ein Ding. Höchstens die übergeordnete Erfahrung, dass bisher auf einer tiefen Ebene alles relativ gut gegangen ist, Du noch da bist und Dir auf einer Ebene immer noch alle Wege offenstehen. Doch dahinter ist nichts! Kein Geld mehr, kein Haus und nicht einmal Deine Beziehungen geben Dir ein sicheres Vertrauen.

Es könnte ein Schock sein, Dich so weit von Dir entfernt zu haben, Dich selbst belogen zu haben, Dich klein gehalten zu haben, Dich lieblos behandelt zu haben. Du hast Dich insgeheim die ganze Zeit bestraft für jeden Gedanken, den Du dort aufgeschrieben hast, weil er Dich davon abhält, das zu sein, was du hoffst zu sein. Du hoffst ein liebevoller Mensch zu sein, der voller Freude ist und gütig in die Augen von Anderen schaut. Du hoffst ein Mensch zu sein, der sein wahres Wesen erstrahlen lässt, das andere bereichert und in die Liebe führt.

"Du musst das Leben nicht verstehen,
dann wird es werden wie ein Fest.
Und lass dir jeden Tag geschehen
so wie ein Kind im Weitergehen von jedem Wehen
sich viele Blüten schenken lässt.
Sie aufzusammeln und zu sparen,
das kommt dem Kind nicht in den Sinn.
Es löst sie leise aus den Haaren,
drin sie so gern gefangen waren,
und hält den lieben jungen Jahren
nach neuen seine Hände hin."

Rainer Maria Rilke

Solange Du auch nur ein Fitzelchen aus dieser Welt nimmst und Dein Vertrauen damit verknüpfst, bist Du in einem unendlichen Karussell gefangen, das Dich nicht sehen lässt, wer Du eigentlich bist. Welche Schönheit Dein Leben eigentlich bestimmt. Welch wunderbares Mysterium Du bist, das lebt, atmet, fühlt.

Und vielleicht siehst Du auch einen Schimmer jener Sehnsucht, die Dich wieder dorthin führen will - mitten hinein in ein echtes Leben. Jetzt ist der Zeitpunkt, der das offenbart, der uns die Chance gibt, genau das wieder zu sein, wieder zu erleben!

Bereitschaft

Der Häuptling der Hopi Indianer, White Eagle, hat sich am 16.3.2020 (!) zum "C-Paradoxon" geäußert:

„Dieser Moment, den die Menschheit gerade erlebt, kann als Pforte oder Loch betrachtet werden. Die Entscheidung, ins Loch zu fallen oder durch die Pforte zu schreiten, liegt an Euch. Wenn Ihr rund um die Uhr Nachrichten konsumiert, mit negativer Energie, dauernd nervös, mit Pessimismus, werdet Ihr in dieses Loch fallen.

Aber wenn Ihr die Gelegenheit ergreift, Euch selbst zu betrachten, Leben und Tod zu überdenken, für Euch und andere Sorge tragt, dann werdet Ihr durch das Portal gehen.

Sorgt für Euer Zuhause, sorgt für Eure Körper. Verbindet Euch mit Eurer geistigen Heimat. Wenn Ihr Euch um Euch selbst kümmert, kümmert Ihr Euch gleichzeitig um alle anderen. Unterschätzt nicht die geistige Dimension dieser Krise. Nehmt die Perspektive eines Adlers ein, der von oben das Ganze sieht mit erweitertem Blick.

Es liegt eine soziale Forderung in dieser Krise, aber genauso eine geistige. Beide gehen Hand in Hand. Ohne die soziale Dimension fallen wir in Fanatismus. Ohne die geistige Dimension fallen wir in Pessimismus und Sinnlosigkeit.

Ihr seid vorbereitet, um durch diese Krise zu gehen. Nimm deinen Werkzeugkasten und verwende alle Werkzeuge, die Dir zur Verfügung stehen.

Lerne Widerstand am Vorbild indianischer und afrikanischer Völker: Wir wurden und werden noch immer ausgerottet. Aber wir haben nie aufgehört zu singen, zu tanzen, ein Feuer zu entzünden und Freude zu haben.

Fühle Dich nicht schuldig, Glück zu empfinden während dieser schwierigen Zeiten. Es hilft überhaupt nicht, traurig und energielos zu sein.

Durch Freude leistet man Widerstand! Ihr dürft stark und optimistisch sein. Und dafür gibt es keinen anderen Weg, als eine schöne, freud- und lichtvolle Haltung zu bewahren. Das hat nichts mit Entfremdung (Weltfremdheit) zu tun. Es ist eine Strategie des Widerstands.

Wenn wir durch die Pforte gehen, bekommen wir eine neue Sicht auf die Welt, weil wir uns unseren Ängsten, unseren Schwierigkeiten gestellt haben.

Das ist alles, was du momentan tun kannst:

– Gelassenheit im Sturm

– Bleib ruhig, bete täglich

– Mach es dir zur Gewohnheit, das Heilige jeden Tag zu treffen."

https://coe-llc.com/2020/04/01/message-from-white-eagle-hopi-indigenous-on-03-16-2020/

In uns gibt es eine tiefe, wütende und schmerzvolle Sehnsucht danach, das weltliche Vertrauen in ein Urvertrauen zu verwandeln. Wir wollen endlich durch die Pforte gehen und nicht mehr in das Loch fallen.

Unsere heutige Zeit bringt diese verschollene Sehnsucht wieder ans Tageslicht. Darin liegt meiner Meinung nach eine tiefe Heilung für die Menschheit. Darin, diese Sehnsucht wieder zu spüren. Wir wollen wieder Vertrauen in das Leben an sich und nicht nur in Abschnitte davon haben. Wir sind das Leben selbst! Wir sind diejenigen, auf die wir gewartet haben!

„Loslassen ist so schwierig, doch frei zu sein ist so wunderschön!"

Bentinho Massaro

Die Sehnsucht wieder zum Urvertrauen zurückzukehren, wird begleitet von dem Gedanken: Wie kann ich das bedingte Vertrauen loslassen und mich dem Urvertrauen öffnen?

Niemand auf der Welt will aktiv loslassen, denn man hatte ja irgendeinen Grund, sich festzuklammern. Zumindest dachte man das. Man fällt hin und weint, und manchmal vergisst man, dass alles gar nicht so schlimm war. Wenn man vom Pferd fällt, raten einem alle, sofort wieder auf ein Pferd zu steigen und zu reiten, weil man sich sonst niemals wieder traut. Genauso ist es mit dem Leben. Es ist so voller Verbote, Ängste, Drohungen und Warnungen, dass wir es schon gar nicht mehr merken, auf welch wackeligem Boden wir stehen und wie viele unserer lebendigen Impulse verschwunden sind.

Ich will Dich auch nicht überreden, alles, was Dir ein Gefühl von Sicherheit gibt, loszulassen. Es ist ein schönes Gefühl, Dich sicher und geborgen zu fühlen. Doch fühle einmal hin, welchen Preis Du dafür bezahlst. Manchmal kannst Du vielleicht spüren, wie es Dir die Lebenskraft und -lust aussaugt, mit dieser falschen Treue gegenüber Deinem kleinen Glauben, Deinem engen Vertrauen, das nur geknüpft an lauter Bedingungen, die erfüllt werden müssen, existiert.

Wie könnte man diese Sicherheit loslassen? Es scheint, als würde man sich selbst an den Haaren aus dem Sumpf ziehen wollen.

Es ist unmöglich, jetzt sofort selbst loszulassen.

Das Einzige, was möglich ist, ist, sich für die Bereitschaft zu entscheiden, loszulassen. Bereitschaft zu haben liegt in unserer Macht und ist jederzeit als Alternative da. In der Bereitschaft kann man Kraft aufbauen, indem man der Spur der Begeisterung, Freude, Beseelung, der tiefen Bedeutung folgt und dann geht das Loslassen plötzlich ganz einfach, weil man selbst größer und stärker geworden ist und dadurch das Problem kleiner und schwächer.

Durch die Bereitschaft sprechen wir eine Einladung aus, eine Einladung an das Leben, uns mitreißen zu dürfen. Durch die Bereitschaft hört das starre, ängstliche Klammern an das Ufer auf. Die Hände entspannen sich und der Griff lockert sich.

Daher: Lass nicht los! Habe aber die Bereitschaft dafür!

Es braucht nur Deine Bereitschaft für das Loslassen. Loslassen von Sichtweisen, von Anspannungen und inneren seelischen Verkrampfungen. Loslassen von bedingtem Vertrauen!

"Schmiegsam und geschmeidig ist der Mensch, wenn er geboren wird, starr, störrisch und steif, wenn er stirbt. Biegsam, weich und zart sind die Kräuter und die Bäume im Wachstum, dürr, hart und stark im Entwerden. Darum gehören Starre und Stärke dem Tode, Weichheit und Zartheit dem Leben."

Laotse

Hast Du jetzt die Bereitschaft? Sprichst Du jetzt diese Einladung aus? Du musst nicht wissen, wie es geht, was passiert, was danach getan werden muss. Sei einfach jetzt bereit und in dieser Offenheit offenbaren sich Dir eine Schönheit und ein Urvertrauen, die Du niemals selbst erzwingen hättest können.

Hast Du die Bereitschaft?

Entscheide Dich nur für einen kurzen Augenblick, egal was es für Gründe geben sollte, es nicht zu tun. Schiebe alle guten Gründe zur Seite und entscheide Dich für diese eine Sekunde. Danach kannst Du die Bereitschaft ja wieder zurücknehmen. Habe jetzt einfach für einen kleinen Moment die Bereitschaft, all Deine Sichtweisen loszulassen.

Wenn Du die Bereitschaft hast und Du kannst sie nur jetzt haben, dann stelle Dir nur eine Frage:

Wie fühlt sich das Urvertrauen an?

Durch diese Frage, die keine gedankliche Antwort braucht, sondern nur im Prozess der Öffnung bleiben sollte, muss Dir Dein System eine Erfahrung liefern.

Mithilfe von Fragen kannst Du Deinen Verstand austricksen, der normalerweise erst Beweise braucht, um sich von etwas überzeugen zu lassen. Diese jahrelange Hinhaltetaktik wird jedoch durch die einfache offene Frage ausgehebelt. Es gibt keine Macht in der Welt, die Deinen Verstand davon überzeugen könnte, dass ein Vertrauen in das Leben an sich, statt in ein bedingtes Vertrauen, viel nützlicher ist. Dem Verstand geht es nicht um Dein Glück, ihm geht es nur darum, recht zu haben.

Durch die offene Frage wird sein recht haben wollen umgangen, es ist nun eine Tatsache, und dies versucht er nun wieder in sein System einzuordnen. Er muss Dir nun Beweise liefern, einschließlich der Gefühle und Realitäten, die Dir aufzeigen, dass die Frage ein geschlossenes System ist, das recht hat. Durch die offene Frage erschaffst Du ein Gefühl, dass Du schon da bist.

Seine größte Schwäche wird zu Deiner größten Stärke.

Wie fühlt es sich jetzt an, im Urvertrauen zu sein?

Wie fühlt es sich an?

"Manchmal muss man erst an etwas glauben, das Vertrauen kommt dann später."

Der Priester aus dem Film "Man of Steel"

Wie fühlt es sich an, von der ganzen Welt und jedem einzelnen Menschen geliebt zu werden?

Wie fühlt es sich an, aus tiefstem Herzen bedingungslos zu lieben?

Wie fühlt es sich an, unendlich frei zu sein?

Wie fühlt es sich an, bei Dir zu sein?

Wie fühlt es sich an, ohne Grund glücklich zu sein?

Je mehr Du dieses neue, unbedingte Vertrauen ins Leben in Dir findest, umso mehr kann ein tiefes und erfüllendes Existenzgefühl in Dir entstehen. Eine vibrierende Existenz, die völlig losgelöst von den Gegebenheiten in der Welt ist. Es wird Dein neues Grundrauschen sein.

„Um Deine wahre Natur zu erkennen, musst Du auf den richtigen Augenblick und die richtigen Bedingungen warten. Wenn die Zeit reif ist, wirst Du erwachen wie aus einem Traum. Du verstehst, dass das, was Du gefunden hast, Dein Eigentum ist und nicht von irgendwo von außen kommt."

Zenmeister Pai-Chang

Das Licht in Dir

"Unsere tiefste Angst ist es nicht, ungenügend zu sein.

Unsere tiefste Angst ist es, dass wir über alle Maßen kraftvoll sind. Es ist unser Licht, nicht unsere Dunkelheit, das wir am meisten fürchten.

Wir fragen uns, wer bin ich denn, um von mir zu glauben, dass ich brillant, großartig, begabt und einzigartig bin? Aber genau darum geht es, warum solltest Du es nicht sein?

Du bist ein Kind Gottes. Dich klein zu machen nützt der Welt nicht. Es zeugt nicht von Erleuchtung, Dich zurückzunehmen, nur damit sich andere Menschen um Dich herum nicht verunsichert fühlen.

Wir alle sind aufgefordert, wie die Kinder zu strahlen. Wir wurden geboren, um die Herrlichkeit Gottes, die in uns liegt, auf die Welt zu bringen. Sie ist nicht in einigen von uns, sie ist in jedem.

Und indem wir unser eigenes Licht scheinen lassen, geben wir anderen Menschen unbewusst die Erlaubnis, das Gleiche zu tun.

Wenn wir von unserer eigenen Angst befreit sind, befreit unser Dasein automatisch die anderen."

Text von Marianne Williamson aus der Antrittsrede von Nelson Mandela

Es braucht nur Deine Bereitschaft! Und die Angst vor Deinem eigenen Licht wird vergehen. Doch Du musst es erkennen, Du musst Lust haben, es erkennen zu wollen! Und immer wenn Du Dich erinnerst, kannst Du Dich erneut entscheiden. Es muss so attraktiv werden, dass es Dich immer mehr dorthin zieht, ganz wie von alleine. Irgendwann sogar ohne Dein Zutun, es zieht Dich einfach an.

Und dann wirst Du etwas finden und etwas sein, das Du Dir in Deinen kühnsten Träumen nicht vorstellen hättest können.

"Wer Schmetterlinge lachen hört, weiß auch wie Wolken schmecken."

Novalis

Egal wie Du die Bereitschaft nennst, es ist der Weg, der Dich aus der Dunkelheit führt, in immer schönere Gefilde, ins Paradies. Dieser endet nie, weil das Leben sich stets neu erfindet. Doch je mehr Du Dich ihm anvertraust, ja sogar seine Hand nimmst und aktiv mit ihm über die Wiese rennst, umso mehr Lust bekommst Du darauf, ihm zu vertrauen, Dich hinzugeben und tragen zu lassen in unbekannte Welten und Wonnen. Es ist ein sich immerwährendes Ausdehnen in die Gegenwärtigkeit der Lebendigkeit.

Dein Gradmesser der Bereitschaft ist das eigene Gefühl. Sobald Du merkst, dass im Hintergrund ein Angst-Rauschen ist, bist Du wieder in die Illusion der Welt gefallen, Du glaubst wieder an die Dunkelheit in Dir. Denn es gibt nur eine unbegründete Angst, dort, wo man sich an etwas festhält, das nicht wirklich ist. Wenn Du unmittelbare Angst bekommst, weil das Licht im Keller ausgegangen ist, dann ist das ganz normal und gesund.

Wenn es aber keinen sichtbaren Grund gibt und Du Angst verspürst, hast Du wieder eine weltliche Sichtweise eingenommen, die gegen das Paradies arbeitet. Du glaubst wieder an Dinge, statt an das Licht in Dir. Du glaubst wieder daran, dass Du Dich klein halten musst, um geliebt zu werden. Dieses Angst-Rauschen kann Dein Weckruf sein, es kann Dich erinnern lassen. Umarme die Angst, sie ist das polare Gegenstück des Lichts, doch Du bist beides. Angst darf da sein! Sie ist der Wecker, der klingelt. Danke Angst, dass Du mich erinnerst, dass auch mein Licht nun hervorkommen darf!

Und dann kannst Du wieder still sein. Wieder aus dem Lärm der Welt aussteigen, aussteigen aus dem Tun; aus der endlosen Beschäftigung und dem endlosen Kreisen. Einfach kurz innehalten. Nur für eine Sekunde, wieder Bereitschaft zu haben. Das Karussell drehen lassen und tiefer gehen, in das Auge des Sturms. Dort ist Dein eigentliches Sein. Diese Ruhe durchdringt das, was Du bist - alles andere ist Ablenkung.

"Die "Totenstille" ist dem Menschen unheimlich. Warum? Gehen da etwa Gespenster um? Das wohl kaum. Das, was in Wirklichkeit gefürchtet wird, ist das, was vom eigenen Inneren kommen könnte, nämlich all das, was man sich durch den Lärm vom Hals gehalten hat."

Carl Gustav Jung

Doch wenn keine Angst mehr da ist vor der Stille, vor dem eigenen Licht, vor dem, was Du bist; wenn sie da sein dürfen, dann darf auch das da sein, was von dem eigenen Inneren kommen könnte. Und vielleicht wird erkannt, dass da nichts ist, was gefürchtet werden muss. Es war einfach nur die Angst davor, dass da was sein könnte. Ein unnötiges Gelaufe und Gehechel in den Lärm der Welt und in den Lärm der Gedanken.

In dem Licht der Stille sind wir eins. Dort gibt es keine Trennung. Dort findet sich nur Liebe zu dem, was ist.

Das eigene Licht ist etwas, das alles durchtränkt, und sich unsterblich anfühlt. Etwas, das nicht einzeln wie ein Objekt wahrgenommen werden kann. Es kann nicht einzeln geschmeckt, gerochen, gefühlt, gesehen, gehört, oder ertastet werden, weil es das ganze Leben selbst ist, weil alles Du bist! Es ist das Schmecken, Riechen, Fühlen, Hören und Tasten an sich!

Man muss es selbst nicht verstehen, man muss dort nicht hinkommen, man muss es nicht suchen. Denn es ist schon alles, es ist schon da, ganz ohne Anstrengung.

Für die einen ist dieses Wunder Gott, für die anderen die Natur, für andere wiederum die Liebe. Oder ist es die Stille in Dir? Vielleicht ist es sogar ohne Namen in Dir… Ein kleiner Strahl, ein winziges Flackern von etwas, das so unendlich ist, dass Du es noch nicht einmal gedanklich festhalten kannst. Vielleicht hast Du auch gar kein Bild oder eine Idee davon und da ist nur Leere, doch vielleicht ist das genau die Leere, die die Unendlichkeit widerspiegelt. Leer und ohne Sorgen, ohne Bedingungen. Leer und aus irgendeinem Grund trotzdem total lebendig. Leer und unverkrampft offen für jedes spontane Gefühl von Glück und überfließender Freude.

Du musst es nicht wissen, Du musst es noch nicht einmal mehr fühlen. Du bist es eh schon, schon immer gewesen. Denn ein Baum muss sich auch nicht für das Urvertrauen entscheiden, für die Beweislosigkeit. Er ist einfach und dadurch ein lebendiges Beispiel von absoluter Hingabe an das, was ist.

Ein lebendiges Beispiel davon, dass das das Leben ist.

"Das Geheimnis des Lebens ist kein Problem, das gelöst werden kann, sondern eine Realität, die erfahren werden muss."

Alan Watts

Es geht immer weiter, egal welche Krise einen getroffen hat. Es geht nur um loslassen, das Gewohnte immer wieder infrage zu stellen. Es immer wieder gehen zu lassen. Offen zu sein für das Leben, das dafür sorgt, dass man sich weiterentwickelt. Jeden Moment wieder neu zu gestalten. Lebendigkeit heißt Wachstum, es geht immer weiter. Lebendigkeit heißt sinnlich die Welt immer neu entdecken, genießen, erforschen, liebkosen. Lebendigkeit heißt zu lieben, als gäbe es kein Morgen und keinen Grund zur Reue.

Welch ein wundervolles neues Leben, welch ein herrlicher Morgen, der uns entgegensieht. Es bedarf nur ein wenig Bereitschaft und immer wieder Loslassen, wenn man kann.

"Wer an seinem Ich, seinem Leben, seinem Atem oder seinem Geist festhält, hält sich an Gott fest. Dann stirbt alles ab und versteinert. Wer aber loslassen und ausatmen kann, kann auch wieder Atem holen. Das ist Nirwana."

Alan Watts

In dieser Offenheit wächst die Blume. Dort, wo alles verloren wurde, wird das Leben neu geboren. Dort ist das Unzerstörbare, dort ist die Quintessenz, dort ist eine ewig sprudelnde Quelle, dort ist das, was Du wirklich bist und was keiner einfach in Worte fassen kann. Du bist ein Mysterium, ein Wunder. Dieses Leben ist ein einziges gigantisches Wunder! Versuche, ihm ein kleines bisschen entgegenzugehen. Indem Du staunst, genießt und Dich daran erinnerst, dass Du existierst!

Wir werden gerade an die Hand genommen und sanft, aber auch bestimmt gezogen. Es soll weitergehen, eine neue Stufe soll erklommen werden.

"Fürchte Dich nicht, langsam zu gehen. Fürchte Dich, stehen zu bleiben."

Christian August Vulpius

Experiment I

Daher nun ein kleines Experiment, das viele Eckig-Denker und Rund-Denker sicher an den Rand des Wahnsinns bringt, weil sich alles in ihnen aufbäumt... Doch lass es uns trotzdem machen.

Es soll das Festhalten an Sichtweisen etwas auflockern, mal ein bisschen frischen Wind rein pusten. Bitte mache dieses Experiment und versuche, diese neue Sichtweise kurz einzunehmen. Überzeuge Dich selbst mit Argumenten, finde welche. Am besten schreibe sie auf, auch wenn Dein Widerstand noch so groß ist. Jeder Widerstand in einem zeugt nur davon, dass man nicht im wirklichen Fluss des Lebens ist, sondern an etwas festhält, das einen unfrei macht. Eine Struktur, die gefroren ist und starr und hart in einem liegt, etwas, das man nicht anschauen will, etwas, das andere Menschen nicht sehen dürfen. Lass ein bisschen Feuer daran, lass es ein bisschen fließen.

Mit folgender kleiner Übung:

Was gäbe es Gutes daran, wenn sogar die schlimmsten Befürchtungen, in Bezug auf Corona, die Du hast, wahr werden würden? Schreibe es auf oder rede mit Dir selbst! Oder am besten mit jemandem den Du magst, dem Du vertraust.

Ein Beispiel:

Ich befürchte, dass viele Menschen sterben, wenn sich alle Zwangsimpfen lassen müssen.

Wenn das passiert, dann wäre das Gute daran: xxxx

Oder als Beispiel:.

Ich befürchte, wenn die Leute keinen Mundschutz tragen und weiter auf Demos gehen, wird sich das Virus immer weiter verbreiten und unnötige Menschenleben kosten. …

Dann wäre das Gute daran: xxx

In Dir wird es erst einmal keinen Spielraum geben, etwas zu finden, was daran gut sein könnte, denn genau das sind ja Deine schlimmsten Befürchtungen. Es wird sich wie eine große Wand anfühlen, die sich vor Dir auftut und es scheint unmöglich, sie zu überwinden. Doch wenn Du sogar diese Wand da sein lässt, sogar diesen Widerstand einfach umarmst, kannst Du weitergehen. Du kannst größer werden als der Widerstand, Du kannst einfach über die Wand hinweg fliegen.

In diesem Seinlassen der Blockade kannst Du Dich für eine neue Sichtweise öffnen, wenn Du Dir sagst:

„Es muss nicht wahr sein und niemals werden. Es ist nur eine Übung, die ich jetzt mache. Ich kann nach fünf Minuten der Übung sofort wieder in mein altes Glaubensmuster zurückfallen und meine alte Sichtweise einnehmen."

Es ist unglaublich schwer, eine neue Sicht einzunehmen, wenn man die alte schon so lange verteidigt hat. Doch jetzt hast Du die Gelegenheit. Versuche, Dich wirklich zu überzeugen, mit Argumenten, die etwas Gutes finden.

Nach der Übung …

Hat sich etwas verändert? Welche Gefühle waren da? Kommt etwas ins Fließen? Ist doch noch großer Widerstand da? Oder gibt es eine kleine Lücke zum Glück? Einen kleinen Weg zu Offenheit und Entspannung? Einen Millimeter nur? Vielleicht nur einen Hauch?

Dann wäre es genug. Das allein kann zu einem Orkan werden, wenn man ihn füttert mit Offenheit.

Wenn Du das als Einladung siehst, alle Sichtweisen, die Dir wehtun oder an denen Du festhältst, zu überprüfen, dann wird sich Dein Herz immer weiter öffnen. Je größer der Widerstand, umso mehr kann etwas ins Fließen kommen. Das ist immer der richtige Weg, wenn Du merkst, Du wirst offener, liebender, seelischer und weicher!

Das müsste der Gradmesser eines jeden Menschen sein. Und zum Glück wie leicht hat man so eine gute Messlatte, um zu schauen, ob man auf dem richtigen Weg ist… Das eigene Gefühl!!

Falls das oben genannte Experiment nichts für Dich ist, versuche dieses hier:

Manche Mystiker haben die Sichtweise, dass alles, was einem widerfährt, von einem selbst abgesegnet ist. Die eigene tiefe und weite Seele will sich Situationen erschaffen, an der sie wachsen kann. Es gibt nichts, was nicht auf einer höheren Ebene von ihr gewollt ist, um ihr ganzes Potenzial entfalten zu können. So gibt es Menschen, die von einer schwierigen Situation in die nächste stolpern, aber das Geschenk, welches sich in dieser verbirgt, einfach nicht sehen wollen.

Immer wieder wirft einem das eigene Wachstum einen neuen, noch größeren Stolperstein vor die Füße, es schreit förmlich: *„Bitte, sieh doch endlich, was Dich wachsen lässt, ansonsten kann ich nur noch mal einen drauflegen!"*

Kannst Du das sehen, wird sofort der Krisen-Lauf unterbrochen und die Lernaufgabe ist abgeschlossen. Eine Neue wird sich stellen. Vielleicht dieses Mal, wie Du mit einem Lottogewinn umgehen kannst?

Die Sichtweise, dass nichts ohne Deine Zustimmung passiert, ist natürlich nur etwas für Menschen, die nicht mehr die Verantwortung an irgendetwas oder jemand anderen abgeben wollen, als an ihre eigene unerschöpfliche Größe.

Unabhängig davon, ob es wahr ist oder nicht, könnte diese Sichtweise Dir in jeder schwierigen Situation helfen, etwas Wunderbares daraus mitzunehmen. Vielleicht ist ja wirklich alles nur purer Zufall oder vielleicht doch Schicksal? Oder erscheint vielleicht sogar beides in einem paradoxen Spiel gleichzeitig?

Es ist gleichgültig, was aber nicht gleichgültig ist, ist, wie Du auf eine Situation reagierst, wie sehr Du sie in Dein Herz aufnimmst und Dich von ihr tragen lässt. Unterstütze den Boden der fruchtbaren Erde mit folgender Übung:

Frage Dich in einer bestimmten schwierigen Situation: Warum könnte ich mir das gewünscht haben? Und dann wird eine Antwort erscheinen, die Dir Kraft gibt, die Dich stärkt, die Deine Macht widerspiegelt. Kein Mensch der Welt kann Macht über Dich haben, wenn Du sie ihm nicht gegeben hast. Keine Situation der Welt kann Macht über Dich haben, wenn Du sie Ihr nicht gegeben hast!

Hol Dir Deine Macht zurück!

Einige Beispiele:

Frage: *Ich habe meinen Job verloren. Warum könnte ich mir das gewünscht haben?*

Antwort: *Um endlich den Mut zu haben, einen neuen Job zu wählen, der mir mehr Freude macht.*

Frage: *Mein Beziehungspartner ist fremd gegangen. Warum könnte ich mir das gewünscht haben?*

Antwort: *Um unsere Erotik, die eingeschlafen war, wieder zu beleben. Oder um endlich einen guten Grund zu haben, den alle anderen verstehen können, mich aus dieser Beziehung zu befreien.*

Frage: *Ich musste mich gegen meinen Willen impfen lassen. Warum könnte ich mir das gewünscht haben?*

Antwort: *Um zu erkennen, dass Freiheit in mir ist, gleichgültig, welche Umstände da sind. Oder um Mitgefühl mit anderen Geimpften zu haben.*

Frage: *Das Coronavirus oder die Maßnahmen dagegen rotten die ganze Menschheit aus. Warum könnte ich mir das gewünscht haben?*

Antwort: *Um wieder zum Göttlichen zu finden und die Unsterblichkeit der Seele zu erfahren und sie zu feiern.*

Es ist möglich, dies wirklich auf alles anzuwenden, was Dir passiert und womit Du nicht einverstanden bist.

Je mehr Situationen Du in Dir findest, umso größer wird die Macht sein, die Du Dir zurückeroberst. Je größer Deine Schwierigkeiten sind, umso mehr wirst Du erleben, dass Du unendlich mächtig bist. Du hast es nur vergessen.

Oder frage Dich:

Ich habe vergessen, dass ich meine Wirklichkeit erschaffe und dass ich die Macht habe, alles zu verändern. Warum könnte ich mir das gewünscht haben?

???

Erlösung

Viele Menschen werden in dieser schweren Zeit erkennen, was sie wirklich sind. Je mehr Menschen es werden, umso leichter wird es. Es wird ein großer reißender Fluss, der alles mit sich nimmt und in göttliche Liebe tränkt. Und Du kannst jetzt schon ein Teil davon sein, jetzt schon in diese Wirklichkeit fließen und alles mitreißen, was verkrustet und erstarrt ist. Zurückfinden in die Leichtigkeit, in die Glückseligkeit des Gefühls, in der Tiefe zu spüren und zu wissen, dass Du getragen wirst, dass Du nicht verloren gehen kannst, dass Du vollkommen geborgen, vollkommen unauslöschbar und auf ewig aus der Quelle aller Liebe und allen Glücks genährt wirst, ja, dass Du eins bist mit ihr und Dir nichts als unendliche Wunder geschehen können. Es ist die größte Chance unseres Planeten, es ist das Ende vom Alptraum. Und Du darfst dabei sein!

Wir haben von dem Baum der Erkenntnis gegessen und sind in die Urteile hinein gerutscht, in die Sichtweisen der Dinge, in die Polarität - in das Spiel des Lebens. Nun ist es so weit. Wir müssen nicht mehr unendliche Runden drehen, um den Geschmack des Apfels auszuspucken.

Unsere Rationalität, die die Wirklichkeit beschnitten, logisch erklärbar und damit unsagbar grau gemacht hat, wird wieder in das Gefühl übergehen. In eine bunte Welt voller Staunen und Ehrfurcht vor dem Leben.

„Ich fürchte mich so vor der Menschen Wort.
Sie sprechen alles so deutlich aus.
Und dieses heißt Hund und jenes heißt Haus,
und hier ist der Beginn und das Ende ist dort.

Mich bangt auch ihr Sinn, ihr Spiel mit dem Spott,
sie wissen alles, was wird und war;
kein Berg ist ihnen mehr wunderbar;
ihr Garten und Gut grenzt grade an Gott.

Ich will immer warnen und wehren: Bleibt fern.
Die Dinge singen hör ich so gern.
Ihr rührt sie an: sie sind starr und stumm.
Ihr bringt mir alle die Dinge um."

Rainer Maria Rilke

Warum nicht auch eine Sichtweise übernehmen, wenn man als Mensch schon eine haben muss, die einfach wundervoll ist, die das Leben unterstützt, die Dich voll und ganz mit Liebe anfüllt. Jede Sichtweise ist eine Lüge. Jeder Film ist eine Lüge, und doch schauen wir gerne einen Film an, und haben gerne dabei Gefühle, die dort auftauchen.

Obwohl wir wissen, es ist alles nicht wahr, wird es in dem Moment wahr, weil es gefühlt wird. Man weint oder lacht und dabei ist es nebensächlich, dass es Schauspieler sind.

Eine neue Sichtweise, die sehr hilfreich ist, ist folgende:

Die meisten Menschen habe eine Sichtweise, die innerlich in etwa so aussieht: "Ich übe, um ein Meister zu werden.“ Zum Beispiel eine bestimmte Fähigkeit zu erlernen, im Liebesleben glücklich zu werden, Karriere zu machen oder allgemein das Leben zu meistern und glücklich zu sein etc. Dadurch wird es immer bei den Übungen bleiben, niemals kann der Meistergrad erreicht werden. Jede Entscheidung ist dann ein weiterer Schritt weg von der Meisterschaft, denn sie muss sich selbst durch Beweise am Leben erhalten. Das Ziel darf nie erreicht werden, weil die Sichtweise dadurch ad absurdum geführt werden würde. Der ganze Lernweg ist ein Weg des Mangels. Der Boden ist, dass der Mensch unvollkommen ist und Vollkommenheit erst noch erreichen muss. Ein ständiges Verschieben der Meisterschaft in die Zukunft.

Doch wenn Du die Sichtweise hast: “Ich bin ein Meister, der übt!” Dann ist das Üben in eine Leichtigkeit verpackt, ein immerwährendes Ausdehnen der Fähigkeiten auf dem Boden eines Menschen, der vollkommen ist. Du bist schon angekommen und aus purer Freude wird weiterhin geübt. Dein Licht scheint! Es scheint so hell, dass die anderen Lichter um Dich herum auch kräftiger werden dürfen! Wir sind alle Meister, die üben!

Eine Verschiebung der Realität, einfach so. Mit nur einem Fingerschnipsen.

Es werden Dich immer noch Stürme des Lebens erwischen, Du wirst immer noch scheitern, aber jede Enttäuschung und jedes

Scheitern wird dann als Bestätigung Deiner Meisterschaft und als Bestätigung deiner Vollkommenheit angesehen. In diesem neuen Kontext wird alles, was sonst gegen Dich war und Zeuge Deiner Schwäche, Deine Stärke sein. Ein roter Teppich, auf dem Du wandelst und dabei siehst Du nur noch Möglichkeiten zu üben. Jeder Streit, jeder Schmerz ist dann ein Licht, das Deine Meisterschaft unterstreicht und sie noch größer werden lässt.

Was wählst Du? Welche Sichtweise nimmst Du ein? Es wird so sein, einfach dadurch, dass Du es entscheidest. Das ist alles.

Bist Du jemand, der übt, ein Meister zu werden?

Oder

Bist Du ein Meister, der übt?

"Vielleicht haben Sie sich schon einmal gefragt, wie Leute dazu kommen, sich im Leben als "Meister" zu erleben. Die Antwort ist einfach: Sie halten dies für so wahr, dass es keines Beweises bedarf."

Ron Smothermon:

Drehbuch für Meisterschaft im Leben.

Kümmere dich nicht darum, ob es schon Beweise für dieses neue Erleben der Welt gibt oder nicht. Es sind noch nur deine alten Muster dort, die sich widerspiegeln. Beweise für eine andere Sichtweise werden erst dann gezeigt, wenn du diese neue Sichtweise eingenommen hast. Erst dann wirst du überall Bestätigung finden und du wirst dich dann fragen warum du es nicht schon vorher gesehen hast.

Erschaffe dadurch eine neue Gegenwart in der Zukunft. Du kannst jetzt den Boden dafür bereiten, morgen ein liebevolles Leben zu haben und es überall zu sehen und es überall zu spüren, wenn Du nicht mehr diese Gegenwart als Beweis dafür her nimmst, was wahr oder falsch ist.

Wenn Du der Meister Deines Lebens geworden bist, musst Du nicht mehr auf einen Erlöser warten, der Dein Leben in die Hand nimmt oder der die Welt befreit.

"Denn die Ewigkeit kommt nicht irgendwann später. Die Ewigkeit ist keine lange Zeit, Ewigkeit hat mit der Zeit gar nichts zu tun. Ewigkeit ist diese Dimension des Hier und Jetzt, die beim Denken in Zeit ausgespart ist.

Bekommst Du es hier nicht, bekommst Du es nirgendwo und die Erfahrung von Ewigkeit unmittelbar ist die Funktion des Lebens."

Joseph Campbell

Das bedeutet, dass man nicht mehr warten muss, bis in alle Ewigkeiten, um wirklich Glückseligkeit und Liebe zu erfahren. Glückseligkeit und Liebe können jetzt gespürt werden und nicht irgendwann.

Es ist Zeit zu erkennen, dass man selbst für seine Sichtweise und damit für sein Glück verantwortlich ist, dass man selbst einen Weg gehen kann, der in die Freiheit und Liebe führt. Es gibt niemanden mehr, der dies für einen anderen machen kann. Es ist Zeit zu erkennen, dass man selbst derjenige ist, der anderen hilft, sich zu lieben.

"Wie man sich nicht wehren kann, dass einem die Vögel über den Kopf herfliegen, aber wohl, dass sie auf dem Kopfe nisten, so kann man auch bösen Gedanken nicht wehren, aber wohl, dass sie in uns einwurzeln."

Martin Luther

Ein wahrlich aufgewachter Mensch, eine unendlich großartige Seele, hat Folgendes geschrieben:

"Wir gehen zusammen diesen Weg, ohne zu wissen, warum wir ihn gehen, wohin er führt und ob wir jemals irgendwo ankommen werden. Ist es eine Suche? Doch wonach?

Ist es die Suche nach dem Meister, nach dem Erlöser, der uns die Welt erklärt, der uns uns selbst erklärt, der uns mit der allumfassenden, kosmischen Liebe erfüllt, der uns zeigt, dass wir schon jetzt und hier im Paradies sind, der unsere blinden Augen mit dem Licht der Erkenntnis erhellt, der uns in die Arme schließt und sagt: "Alles ist gut"?

Meister! Wo bist Du?

Ach, so wartet die Menschheit, seit Jahrhunderten und noch mehr Jahrhunderten, seit Jahrtausenden, seit Äonen, schon immer? Sie hofft und sie betet und sie wartet auf den Erlöser und sie hält sich fest an dem Bild, so fest sie kann, an all den Geschichten von den vergangenen Erlösern, die kamen und dennoch, es bleibt nur die Hoffnung, es bleibt nur das Warten, auf den einen, der uns retten wird, der weiß, was all das hier zu bedeuten hat und der endlich alle Fragen und alle Zweifel und Schmerzen mit einer kleinen Bewegung seiner vollkommenen, segnenden Hand davon wischt.

Viele Meister gab es schon, viele weise Dinge haben sie gesagt und viele Herzen in den vielen Menschen, die ihnen lauschten, berührt. Doch wir sind nicht erlöst. Wir wandern weiter blind durch die Dunkelheit. Wir wandern weiter auf der Straße, dieser staubigen Landstraße.

Wollen sie uns nicht erlösen? Sie sagen immer nur Dinge wie:

"Niemand rettet uns, außer wir selbst. Niemand kann und niemand darf das. Wir müssen selbst den Weg gehen."

Oder:

"Glaubt den Schriften nicht, glaubt den Lehrern nicht, glaubt auch mir nicht. Glaubt nur das, was ihr selbst sorgfältig geprüft und als euch selbst und zum Wohle dienend anerkannt habt."

Und da stehen wir und wissen nicht mehr als zuvor. Zurückgeworfen auf uns selbst. Wie der Krieger Cord, der auszieht, um das sagenumwobene "Buch der Erkenntnis" zu finden. Und was findet er? Nichts steht in dem Buch. Nicht ein Satz. Nicht ein Wort. Nur sein eigenes Spiegelbild findet er darin.

"Damit es Frieden in der Welt gibt, müssen die Völker in Frieden leben. Damit es Frieden zwischen den Völkern gibt, dürfen sich die Städte nicht gegeneinander erheben. Damit es Frieden in den Städten gibt, müssen sich die Nachbarn verstehen. Damit es Frieden zwischen Nachbarn gibt, muss im eigenen Haus Frieden herrschen. Damit im Haus Frieden herrscht, muss man ihn im eigenen Herzen finden."

Worte. Können sie uns helfen?

"Unsere Verabredung mit dem Leben findet im gegenwärtigen Augenblick statt. Und der Treffpunkt ist genau da, wo wir uns gerade befinden."

Genau hier und jetzt. Mit allem was jetzt gerade hier ist.

Ich bitte Dich, dass Du (der oder die das gerade hier liest,) Folgendes tust:

Stell Dir vor: Alles was gestern war, was vorhin war, was noch vor einer Minute war, ist vergangen und existiert nicht mehr. Alles was heute Abend sein könnte, was morgen kommen könnte, existiert nicht und wird niemals existieren.

Es gibt nur Dich, jemanden, der diese Zeilen liest, jetzt, hier, sonst gibt es nichts. Und da es nichts anderes gibt, ist hier beim Lesen nur das Gegenwärtige da. Und wenn Du jetzt an jemand anderen denkst, ist es pure Liebe, die Dich das denken lässt. Es ist pure Liebe in der dieser Gedanke auftaucht. Denn im Gegenwärtigen kann nur Liebe da sein, sonst wäre da keine Gegenwart möglich.

Da ist nur Schönheit, Schönheit, die Dich überwältigt, hier spürst Du Mut, der Dich ergreift, Du spürst Lust, die Dich überkommt, in Dir fließt ein Feuer, wie der heiße Atem des Drachen, der das Leben verbrennt und der schreit vor lauter Kummer, weil seine Liebe zu heiß ist und weil er nicht weiß, dass jeder Moment im Leben Zerstörung ist, dass jede Veränderung Schmerz ist und dass jede Schöpfung ein Tod ist. Und Du verliebst Dich in dieses ungeheure Ungeheuer, das das Leben selbst ist.

Du spürst Dich selbst, wie Du hier liest und Du fühlst Liebe. Und Du fühlst so vieles gleichzeitig, dass es gar nicht mehr zu beschreiben oder zu benennen ist, außer mit Liebe. Und Du fühlst die Bereitschaft zu sterben, im Atem des Drachen zu verbrennen und Du verliebst Dich in Dich, weil Du Dich lebendig fühlst und weil das das Leben ist, pure Liebe."

Ja, das ist das Leben

Das Leben ist vollkommen, mit allem was erscheint! Es ist ein so unglaublicher liebevoller Ausdruck des Lebens selbst. Und alles gehört dazu. Wirklich alles.

"Ich bin ein Liebhaber von dem was ist, nicht weil ich eine spirituelle Person bin, sondern weil es schmerzt, wenn ich mit der Realität streite. Wenn Sie der Realität widersprechen verlieren Sie - aber jedes Mal."

Byron Katie

Jetzt kann sogar Dankbarkeit entstehen, für das, wie es ist. Dankbarkeit für jemanden, der auf eine Corona-Demo geht. Dankbarkeit für jemanden der nur zu Hause vor dem Fernseher sitzt. Dankbarkeit für jemandem der Dich anschreit: "Wach endlich auf! Du schläfst schon zu lange!" Dankbarkeit für jemanden, der andere Nachbarn anzeigt, weil sie etwas Verbotenes machen, die Richtlinien verlassen haben. Dankbarkeit für diese Zeit. Dankbarkeit für sogar das eigene Leben, das eigene Sein, das jetzt hier sein will, um all das mitzuerleben. Was für eine Größe, was für ein Mut!

„Unsere wahre Natur ist Sein, egal ob das erkannt wird oder nicht: Sein ist schon alles, was es gibt, frei von jeder Notwendigkeit."

Nathan Gill

Ich danke Dir für Deinen Mut, für Deine Sehnsucht nach Lebendigkeit. Ich danke Dir dafür, mir zu erlauben, das zu sein, was ich bin.

Ich danke Dir dafür, genau die Rolle zu spielen, die es jetzt braucht, um die Vielfalt zu feiern.

Lasst uns feiern!

"Alles ist gut. Der Mensch ist unglücklich, weil er nicht weiß, dass er glücklich ist. Nur deshalb. Das ist alles, alles! Wer das erkennt, der wird gleich glücklich sein, sofort, im selben Augenblick."

Fjodor Michailowitsch Dostojewski

Es ist Zeit, einen neuen Weg zu gehen. Egal, ob Du ein Rund-Denker bist oder ein Eckig-Denker. Vielleicht hast Du es durch dieses Buch geschafft, weniger Deine Sichtweisen zu verteidigen, als mehr zu erkennen, was dahinter liegt. Vielleicht hast Du gesehen, dass Dein Festhalten an Sichtweisen Dein wahres Wesen eingeschränkt und Dich klein gemacht hat. Und Du den anderen dadurch auch klein gemacht hast. Du hast ihn reduziert auf etwas, das winzig ist und dadurch hast Du dem Menschen wehgetan. Du hast das Licht dieses Menschen nicht gesehen und nicht entfacht, weil Du Dein eigenes klein gehalten hast.

Ja, dann ist es an der Zeit, zu jemandem zu gehen, der es anders sieht als Du. Jemand, mit dem der Kontakt abgebrochen wurde, weil es nur noch um Sichtweisen ging und nicht mehr um eure Freundschaft oder Liebe. Deine Sichtweise hast Du zu einem Götzen erhoben und alles andere musste sich dem unterordnen. Du warst nicht mehr im Fluss des Lebens. Du hattest Dich am Ufer festgekrallt und warst verbissen.

Es ist Zeit, zu diesem Menschen hinzugehen und einfach zu sagen, dass es Dir Leid tut. Du hast dieses Sichtweisen-Spiel über eure Freundschaft gestellt. Das war größenwahnsinnig, arrogant und völlig überheblich. Es tut Dir leid und Du entschuldigst Dich dafür, diesen anderen Menschen in Dein Spiel mit hineingezogen zu haben. Es geht nicht mehr ums Recht haben! Es geht nun ums Zuhören. Es geht nicht mehr um Deine Sichtweise, die Du dem anderen überstülpst. Es geht darum, ihm mit wundersamen Augen dabei zuzusehen, wie er lebt und zu vibrieren vor Wonne, ob dieses wunderbaren Lebens, ob dieses Wunders, ob Deines Heimfindens in das, was immer schon da war und immer schon da ist und das Du nie verlassen kannst oder konntest.

"Das wahre Licht ist das Licht, das aus dem Innern der menschlichen Seele hervorbricht, das den Anderen das Geheimnis seiner Seele offenbart und Andere glücklich macht, so dass sie singen im Namen des Geistes."

Khalil Gibran

Es geht darum, selbst wieder zur Liebe zu werden. Einfach dadurch, dass Du wieder zuhörst; den anderen Menschen wahrnimmst. Du fühlst mit. Du bist wieder neugierig geworden: Wie ist die Sichtweise des anderen, wie sind seine Gefühle, seine Ängste, seine Hoffnungen? Ja, Du kannst nun wieder zuhören, ohne dass ein Filter zwischen euch steht. Und der andere kann endlich seine Gefühle zeigen - der Boden ist bereitet.

Wenn Du Dich entschuldigst, wird es sofort die Macht des Eingefroren Seins nehmen. Es wird sofort die Kälte nehmen und Dich in die Liebe treiben. Du wirst weich werden, Du wirst wieder mehr das sein, was Du bist. Dein Licht wird wieder erstrahlen und dieses Mal noch größer und noch mächtiger! Versuche es und es wird sich ein Wunder offenbaren. Es ist so leicht! Es braucht nur eine kleine Entschuldigung und Du wirst mit dem anderen Menschen im Paradies sitzen. Nur einmal die Mauer herunterfahren, der Angst vor Gesichtsverlust begegnen. Es wird kurz wehtun. Aber dann wird sich der Schmerz in ein warmes Gefühl der Freude verwandeln. Du hast dann einem anderen Menschen aus seiner Einsamkeit geholfen - Du hast die Welt ein bisschen liebevoller gemacht.

Zum Abschluss noch ein Gedicht, das im Grunde die ganzen Worte aus dem Buch zusammenfasst.

Das folgende Gedicht über Selbstliebe hat Charlie Chaplin an seinem 70. Geburtstag selbst vorgetragen. Manche Gerüchte behaupten, er habe es selbst geschrieben.

Doch ganz egal, wer diese Worte geschrieben hat – sie sind einfach wundervoll. Sie zeigen deutlich, wie wichtig es ist, Sichtweisen loszulassen und seinem Herzen zu folgen.

„Als ich mich selbst zu lieben begann,
konnte ich erkennen,
dass emotionaler Schmerz und Leid
nur Warnungen für mich sind,
gegen meine eigene Wahrheit zu leben.
Heute weiß ich: Das nennt man **AUTHENTISCHSEIN**.

Als ich mich selbst zu lieben begann,
verstand ich, wie sehr es jemanden beeinträchtigen kann,
wenn ich versuche,
diesem Menschen meine Wünsche aufzuzwingen,
auch wenn ich eigentlich weiß, dass der Zeitpunkt nicht stimmt und
dieser Mensch nicht dazu bereit ist – und das gilt auch,
wenn dieser Mensch ich selber bin.
Heute weiß ich: Das nennt man **RESPEKT**.

Als ich mich selbst zu lieben begann,
habe ich aufgehört, mich nach einem anderen Leben zu sehnen
und konnte sehen, dass alles um mich herum
eine Aufforderung zum Wachsen war.
Heute weiß ich, das nennt man **REIFE**.

Als ich mich selbst zu lieben begann,
habe ich verstanden, dass ich immer und bei jeder Gelegenheit,
zur richtigen Zeit am richtigen Ort bin
und dass alles, was geschieht, richtig ist –
von da an konnte ich gelassen sein.

Heute weiß ich: Das nennt man **SELBSTVERTRAUEN**.

Als ich mich selbst zu lieben begann,
habe ich aufgehört, mich meiner freien Zeit zu berauben,
und ich habe aufgehört,
weiter grandiose Projekte für die Zukunft zu entwerfen.
Heute mache ich nur das, was mir Spaß und Freude macht,
was ich liebe und was mein Herz zum Lachen bringt,
auf meine eigene Art und Weise und in meinem Tempo.
Heute weiß ich, das nennt man **EINFACHHEIT**.

Als ich mich selbst zu lieben begann,
habe ich mich von allem befreit, was nicht gesund für mich war,
von Speisen, Menschen, Dingen, Situationen
und von allem, das mich immer wieder hinunterzog,
weg von mir selbst.
Anfangs nannte ich das „Gesunden Egoismus",
aber heute weiß ich, das ist **SELBSTLIEBE**.

Als ich mich selbst zu lieben begann,
habe ich aufgehört, immer recht haben zu wollen,
so habe ich mich weniger geirrt.
Heute habe ich erkannt: das nennt man
BESCHEIDENHEIT.

Als ich mich selbst zu lieben begann,
habe ich mich geweigert, weiter in der Vergangenheit zu leben

und mich um meine Zukunft zu sorgen.
Jetzt lebe ich nur noch in diesem Augenblick,
wo ALLES stattfindet,
so lebe ich heute jeden Tag und nenne es **ERFÜLLUNG**.

Als ich mich zu lieben begann,
da erkannte ich, dass mich mein Denken
armselig und krank machen kann.
Doch als ich es mit meinem Herzen verbunden hatte,
wurde mein Verstand ein wertvoller Verbündeter.
Diese Verbindung nenne ich heute
WEISHEIT DES HERZENS.

Wir brauchen uns nicht weiter vor Auseinandersetzungen,
Konflikten und Problemen mit uns selbst und anderen fürchten,
denn sogar Sterne knallen manchmal aufeinander
und es entstehen neue Welten.
Heute weiß ich: **DAS IST DAS LEBEN** *!"*

Das letzte Experiment II

Der Bauch ist voll! Die Seele atmet durch. Das Universum hat Lachfalten bekommen.

Du hast das Licht entdeckt, das in Dir lodert, doch um es wirklich zu manifestieren, gibt es noch eine Nachspeise, getarnt als ein weiteres Experiment. Diese wirst Du wahrscheinlich nur genießen können, wenn Du das Buch an Dich herangelassen hast und neugierig auf eine neue Sichtweise geworden bist. Du bist bereit, ein Risiko einzugehen und ein Abenteuer zu wagen, ohne zu wissen, wie es ausgeht.

Nun kommen wir zu dem härtesten Experiment, das es auf dieser Welt gibt … Du wirst wirklich das Gefühl haben, sterben zu müssen. Allein wenn ich es nur vorschlage, wird es in Dir ein riesiges Nein geben. Doch vielleicht bist Du größer als das. Vielleicht ist Deine Sehnsucht nach Vertrauen und Liebe doch größer als der Impuls Recht zu haben. Vielleicht bist Du bereit etwas zu opfern, was Dich niemals glücklich machen könnte.

Gehe zu einem Menschen Deiner Wahl, am besten zu jemandem, der genau die gegenteilige Meinung von Dir vertritt. Also, wenn Du ein Eckig-Denker bist gehe zu einem Rund-Denker. Oder umgekehrt. Erkläre diesem Menschen, dass Du ein Experiment machen willst, damit Deine Liebe wieder fließen kann, damit Du Dich weiterentwickeln kannst, damit Du größer wirst als Dein eigenes schmerzhaftes Recht haben … (oder schenke ihm dieses Buch zum Lesen und wenn er so weit ist, würdest Du gerne das Experiment machen wollen, das hier beschrieben ist, damit eure Beziehung wieder ins Fließen kommt).

Wenn Du tatsächlich so einen Menschen gefunden hast, dann diskutiert über Corona, Impfungen, Maßnahmen etc. Aber jeder von euch nimmt genau die andere Sichtweise ein und diskutiert aus dieser heraus und versucht, den anderen davon zu überzeugen, dass diese Sichtweise richtig ist. Versucht, wirklich den anderen zu überzeugen, dass die Welt mit den Maßnahmen richtig liegt, dass Impfungen wichtig sind, dass es wichtig ist, wieder frei zu sein … Oder, dass alles eine Lüge ist und Impfungen einen noch mehr in die Sklaverei führen usw.

Am Anfang ist es ein Tod und Du wirst merken, dass es in Dir schreit, dass Du es nicht kannst, weil das wäre ja Verrat, denn Du hast doch jetzt endlich erkannt, was die Wahrheit ist! Und Du wirst merken, dass Du Dein Recht haben nicht aufgeben willst; Deine Sichtweise, die Dich ja vor dem Tod beschützen könnte.

Doch wenn es passiert und Du es einfach machst - wie groß auch der Widerstand sein mag …

Und am Anfang wird es nur eine leere Übung sein, halbherzig. Doch versuche immer mehr Saft hineinzubringen, immer mehr Leidenschaft und immer mehr Überzeugung von dieser Sichtweise. Dann achte auf das Gefühl danach und auf das, was zwischen euch beiden Menschen ist. Siehst Du tatsächlich wieder den anderen Menschen? Nicht nur seine Sichtweise, die gegen Deine steht? Siehst Du vielleicht wieder die Augen, die von Lachfalten umgeben sind? Siehst Du dann vielleicht wieder die

Lippen, die weich sind? Siehst Du die anderen Gedankengänge, wie sie sich schützen und aufrechterhalten? Siehst Du einfach den Mechanismus?

Und siehst Du vielleicht auch dann Deine unglaubliche liebevolle Seele wieder, die atmen kann? Die sich entspannt? Die wieder lebt?

Wenn Du niemanden findest, kannst Du es natürlich auch mit jemandem machen, der die gleiche Sichtweise hat wie Du, und Du nimmst die andere ein. Wenn sich auch dafür niemand bereit erklärt, kannst Du es auch alleine machen. Natürlich wird das nicht so wunderhaft sein, als würdest Du es mit jemandem machen, der eine ganz andere Sichtweise hat.

Hast Du jemanden gefunden? Das würde mich sehr glücklich machen, wenn Du diesen schweren Schritt gegangen bist. Die Welt würde ein bisschen besser werden und etwas mehr leuchten. Wenn Du diese Übung gemacht hast, verbeuge ich mich vor Dir. Du hast dann eine Größe besessen, die nicht viele Menschen haben. Du hast etwas gemacht, vor dem ich sogar selbst jedesmal Widerstand habe, es zu tun. Wenn Du es getan hast, offenbart sich eine Welt, die viel herrlicher ist als die, die sich noch an Deine alte Sichtweise geklammert hat.

Einleitung

Ich möchte mich bei Dir entschuldigen, dass ich Dir zu nahe trete, indem ich Dich duze. Diese Nähe geht Dir vielleicht zu schnell und ist nicht passend für Dich. Doch ich konnte nicht anders. Es ist als würden die Worte aus meinem eigenen Herzen direkt in die Welt fließen. Sie fließen dadurch direkt in die Offenheit Deines Herzens. Dort gibt es keinen Abstand, dort gibt es keinen Unterschied von Fremden und Freunden. Wenn ich Dich duze kann es mehr sprudeln, es kann dann mehr aus meinem Gefühl heraus purzeln.

Lieber Leser, liebe Leserin, dieses Buch wird Dir wahrscheinlich wirr vorkommen, stilistisch einfach, fast schon kindlich. Es wird voller Wiederholungen sein und Dich an den Rand Deiner Perfektion treiben. Es scheint sogar einfach nur aus Gedankenfetzen zu bestehen, die nicht ausgereift sind.

Es ist wie bei einem Gemälde in einer Ausstellung, Du kannst davor stehen und darüber reden, welche Farben verwendet wurden und ob sie die richtigen sind, wie die Formen angeordnet sind und ob sie die Harmonie des Bildes unterstreichen oder nicht. Wenn es Dir dann auf Anhieb nicht gefällt, würdest Du einfach weitergehen, bis Du ein Bild findest, das Deinen Vorstellungen entspricht?

Oder Du stehst davor und lässt Dich auf das Bild voll ein. Du fühlst es, Du fühlst die Farben und Formen und wirst ganz zu ihnen. Dein kritischer Verstand wurde überlistet, sein Filter hat keine Macht mehr. Es wurde eine Tür gefunden, um das ganze Bild einzuatmen, Du wurdest selbst zum Bild und spürtest eine Magie die Dich tiefer getroffen hat, als es jemals ein Gedanke tun könnte.

Vielleicht bist Du immer noch mit den Farben nicht einverstanden und findest sie immer noch scheußlich, aber es ist zu spät, denn Du wurdest berührt. Die Verwandlung hat stattgefunden. Auch, wenn Du vielleicht gar nicht weißt wie es passiert ist, auch, wenn Du eigentlich gar nichts verstanden hast. Du wurdest zu einem Kind, das staunend vor einem Gemälde steht und offen für das Spiel der unmittelbaren Wahrnehmung geworden ist.

"Die besten Dinge kann man nicht erzählen, weil sie das Denken übersteigen, die zweitbesten werden missverstanden, denn das sind Gedanken, die vorgeben, sich auf das zu beziehen, was gedanklich gar nicht zu erfassen ist, und man bleibt immer in den Gedanken stecken."

Heinrich Zimmer

Es wäre so schön, wenn Du diese Bereitschaft hast, Dich einfach fallenzulassen. Erst dann hat sich der Eintritt in die Ausstellung gelohnt, erst dann wirst Du erfüllt und glücklich die Ausstellung verlassen können.

Denn diese Zeit ist vielleicht die schwerste Zeit unseres Lebens. Wir waren behütet und alles lief ruhig und seicht vor sich hin. Doch plötzlich ist alles anders, das Chaos scheint uns zu überrollen. Angst, Einsamkeit und Zorn regieren die Welt.

In all dem Trubel riecht es nach Veränderung. Die Eisenbahn des Lebens fährt. Die Gleise wurden gelegt, das Feuer geschürt und sie rollt; sie rollt immer weiter - unaufhörlich. Wo geht die Reise hin? Ist die Zeit nach Corona so wie die davor? Oder geschieht da - ganz unabhängig von den möglichen Änderungen in der Welt - gerade etwas in den Menschen, was ein Zurück unmöglich macht? Womöglich sogar etwas Gutes, was sie am Ende einander näher bringt?

Wir wissen es nicht. Doch das Schöne ist, wir sind nicht allein; wir sind zusammen und fahren gemeinsam in diesem Zug des Lebens. Jeder hat ein anderes Ziel vor Augen, jeder eine andere Bestimmung, doch solange die Eisenbahn so fährt wie jetzt und wir noch in ihr sind, mehr oder weniger ausgeliefert, hat jeder vor allem eine Aufgabe, ein To-do: Die Antwort auf die Frage zu finden, ob wir entspannt und voller Freundschaft und Liebe zu den anderen Passagieren miteinander fahren können, oder ob wir einander fürchten oder zürnen wollen.

Wenn wir voller Angst da sitzen und die anderen beschuldigen, dass sie Unmenschen seien, werden wir uns gegenseitig die Köpfe einschlagen, um einander davon zu überzeugen, dass nur unsere Sichtweise die richtige ist. Familien werden sich entzweien, Freunde werden kein Wort mehr miteinander sprechen. Man wird bespuckt und vielleicht sogar bedroht werden. Aber warum eigentlich?

"Du bist ein Eckig-Denker!"

(Jemand, der neue Wahrheiten gefunden hat, die für ihn

nichts mehr mit der sogenannten "normalen Realität" zu tun haben.)

“Du bist ein Rund-Denker!”

(Jemand, der an die "normale Realität" glaubt und daran nicht zweifeln will.)

Eckig-Denker und Rund-Denker sind zwei aktuelle unterschiedliche Sichtweisen, die in diesem Buch als Beispiele hergenommen werden, doch natürlich kann man damit jede Sichtweise hinterfragen, die das Leben einem zeigt. Jeden Streit, der immer noch brodelt, durchleuchten, jede Blockade beiseite räumen, damit die Liebe wieder fließen kann.

Diese offene Feindschaft der beiden Sichtweisen ist gleichzeitig auch eine Einladung, tiefer zu schauen und wieder das zu finden, was uns vereint. Wieder zurückzukommen in das Vertrauen und in die Liebe. Sich wieder fallen lassen zu können in all das Unbekannte, Unermessliche, nicht Kontrollierbare! Und sogar wieder einem Freund die Hand reichen zu können, von dem man glaubte, ihn schon lange verloren zu haben. Ein Familienmitglied wieder in die Arme schließen zu können, mit dem man fast bis aufs Blut gestritten hatte.

Dieses Buch soll helfen, den scheinbar unüberwindlichen Graben, der sich aufgetan hat und immer weiter aufreißt, zu schließen und vielleicht hier und dort eine Brücke zu bauen. Eine Brücke, die in ein tiefes Glück, eine allumfassende Freiheit und in ein Urvertrauen führt, das unabhängig von jeder Sichtweise ist. Ein Weg, der einen durch Krisen zu sich selbst führt und erkennen lässt, dass die Zeit gekommen ist, eine neue Entwicklungsstufe zuzulassen.

Wenn Du an Deiner Sichtweise festhalten willst und glaubst, dass sie die Wahrheit ist, dann wird dieses Buch für Dich reine Zeitverschwendung sein. Lese es dann bitte nicht, es wird Dich nur ärgern und Frust erzeugen.

Wenn Du aber siehst, dass das Festhalten an einer Sichtweise die Menschheit, Deine Familie und Deine Freundschaften entzweit und dies in Dir einen kleinen Zweifel geweckt hat, ob das wirklich der richtige Weg ist, der so viel Wut und Angst erzeugt, dann hast Du vielleicht die Offenheit, einen neuen Pfad zu begehen. Eine Öffnung zu den Menschen hin und damit auch letztendlich wieder zu Dir selbst, zu Deiner wahren liebevollen Größe. Ja, dann bist Du herzlich eingeladen in diesem Buch zu lesen und sich auf das Abenteuer einzulassen.

"Draußen, jenseits aller Ideen vom Richtigtun und vom Falschtun, da ist ein Feld. Ich treffe Dich dort. Wenn die Seele in diesem Gras liegt, ist die Welt zu voll zum Sprechen. Worte, Gedanken, selbst die Idee "miteinander" macht überhaupt keinen Sinn."

Rumi

Printed in Poland
by Amazon Fulfillment
Poland Sp. z o.o., Wrocław

82295130R00090